使える牛肉レシピ

beef

柴田書店

beef

スーパーマーケットでは、作る料理に合わせて
カットされた牛肉が売られています。
炒め物などに使いやすい薄切り肉、切り落とし、こま切れ肉。
ずばり料理名を表示したすき焼き用、しゃぶしゃぶ用、焼き肉用、ステーキ用、
煮込み用の塊肉、そして挽き肉、内臓類。
作る料理がイメージしやすく便利ではありますが、
料理はいつも決まったものになりがちです。
そこで本書では、和・洋・中・韓の4人のシェフたちに、
これらを使った、家庭でも作りやすい牛肉料理を多数ご紹介いただきました。
毎日の献立作りに役立つお惣菜から、喜ばれるおもてなし料理まで幅広い内容です。
プロならではのアイデアと作り方のコツを、ぜひお役立てください。

和	洋	中	韓
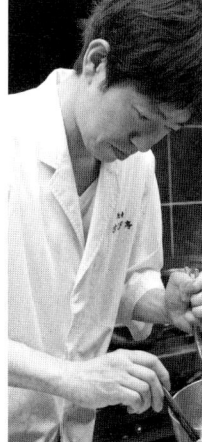	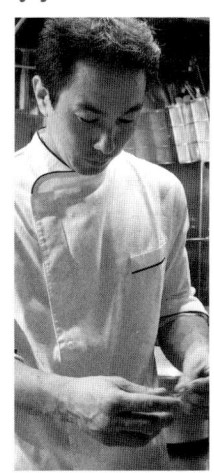		
japanese	italian	chinese	korean
なすび亭	パッソアパッソ	szechwan restaurant 陳	どんどんじゅ
吉岡英尋	有馬邦明	菰田欣也	金順子

薄切り、こま切れ、切り落とし

牛丼（吉岡）	9
牛こまと木の子の玉子とじ（吉岡）	10
うど肉巻き 山椒風味（吉岡）	11
牛しぐれ煮の焼きおにぎり茶漬け（吉岡）	12
牛肉とトマトのふわふわ炒め（菰田）	15
牛肉と五目野菜の炒め物（菰田）	16
牛切り落とし肉のリンゴ酢サラダ（菰田）	17
牛肉のあんかけ焼きそば（菰田）	18
牛肉と春雨の豆板醤煮込み（菰田）	19
なすと牛こま切れ肉のアーグロドルチェ（有馬）	20
お米の温かいサラダ（有馬）	22
スピエディーノのパン粉焼き（有馬）	23
プルコギ（醤油味）（金）	24
プルコギ（辛味噌味）（金）	24
プルコギ丼（金）	25

すき焼き用、しゃぶしゃぶ用

アスパラの牛肉巻き（菰田）	28
しゃぶしゃぶ肉の紹興酒漬け（菰田）	29
しゃぶしゃぶ肉の紅油ソースがけ（菰田）	29
牛肩ロース肉とレンコン焼き（吉岡）	32
牛肩ロース肉と豆腐のすき焼き風（吉岡）	33
牛もも肉とほうれん草のお浸し（吉岡）	33
牛しゃぶロース、クレソンと白菜のサラダ（吉岡）	36
牛肉とじゃがいものサルサヴェルデ（有馬）	36
すき焼きのフリッタータ（有馬）	37
春巻きフリット（有馬）	40
白菜と牛肉のミルフィーユグラタン（有馬）	42
四川名物"牛肉の辛み煮込み"（菰田）	45

焼き肉用

牛ロース肉のクミン炒め（菰田）	47
カルビ焼き（醤油味）（金）	48
カルビ焼き（塩味）（金）	49
カルビ焼き（辛味噌味）（金）	49
牛バラ肉のオレンジ煮込み（菰田）	52

牛カルビの黒こしょう炒め（菰田）	53
牛ロース肉と焼きしいたけ 梅わさびおろし（吉岡）	53
牛カルビ肉とゴマだれカレー風味のつけ麺（吉岡）	56
牛カルビ丼（吉岡）	56
カルトッチョ（紙包み焼き）（有馬）	57
エスカベッシュ（有馬）	60
牛肉とアボカドとライムのサラダ（有馬）	60
牛タンとごぼうのキンピラ（吉岡）	61
牛タンのグリル（有馬）	61

ステーキ用

牛バラ肉の角煮と男爵の肉じゃが（吉岡）	65
牛ももステーキと蒸しなす 生姜あんかけ（吉岡）	66
牛サーロインのピリ辛甘酢炒め（菰田）	67
牛ランプ肉のレタス蒸し（有馬）	68
タリアータ ポテトサラダ添え（有馬）	69
牛ヒレ肉と桃のソテー（有馬）	70
牛ヒレステーキ 長芋あんかけ（吉岡）	71
サーロインステーキのおろし麻辣ソースがけ（菰田）	72
牛ヒレステーキ 葱姜ソースのヒスイ仕立て（菰田）	73
サーロインステーキ 舞茸とじゃがいも添え（吉岡）	76
牛肩ローステーキ 浅漬の和風カルパッチョ風（吉岡）	76

塊肉

ローストしないローストビーフ（有馬）	77
和風ローストビーフ（吉岡）	80
牛もも肉の四川香り炒め（菰田）	80
牛肉とピーマンの細切り炒め（菰田）	81
牛もも肉と大根、にんじんの豆板醤煮込み（菰田）	84
牛ほほ肉の煮つけ（金）	85
牛ほほ肉の辛味噌炒め（金）	85
ボリート 大根添え（有馬）	88
ボリートのテリーヌのサラダ（有馬）	89
ボリートのテリーヌとビーツのリゾット（有馬）	90
牛すね肉の和風赤ワイン煮込み（吉岡）	91
スユッ（ゆで牛肉のキャベツ包み 辛味噌添え）（金）	92
チャンチョリム（牛すね肉の佃煮風）（金）	94
牛バラ肉のはちみつオーブン焼き 紹興酒風味（菰田）	95

挽き肉

- ポルペッティ（ハンバーグ）（有馬） …… 97
- つくね焼き 味噌煮込み（吉岡） …… 98
- 牛挽き肉の麻婆豆腐（菰田） …… 100
- 牛挽き肉焼売（菰田） …… 102
- 稲庭うどん もろこし肉味噌（吉岡） …… 104
- 和風麻婆豆腐 柚子風味（吉岡） …… 105
- ふろふき大根 ごぼう肉味噌（吉岡） …… 105
- 牛肉入りジャージャー麺（菰田） …… 108
- カレー風味のビーフン シンガポール風炒め（菰田） …… 109
- ラグーのスパゲッティ（有馬） …… 112
- 肉味噌のクロスティーニ（有馬） …… 114
- 万願寺唐辛子詰め サルシッチャ（有馬） …… 115
- トルテッリーニ グリーンピース添え（有馬） …… 116
- 牛挽き肉のビビンパ（金） …… 118
- パンのニョッキ入りセロリのスープ（有馬） …… 120
- 牛肉だんご入りおかゆ（菰田） …… 121

すじ肉、小腸、ハチノス、レバー

- 牛肉の茶碗蒸し（吉岡） …… 124
- 牛すじ肉と冬瓜のスープ煮（吉岡） …… 125
- 牛小腸のアラビアータ（有馬） …… 125
- 牛レバーとニラ、もやし炒め（菰田） …… 128
- レバーカツレツ（有馬） …… 130
- 牛レバーの天ぷら 黒こしょう衣（吉岡） …… 131
- ハチノスのサラダ（有馬） …… 132
- ハチノス炒め（金） …… 133

- 本書中のカップ1は200cc、大さじ1は15cc、小さじ1は5ccです。
- 本書中のE.V.オリーブ油は、エクストラ・バージン・オリーブ油のことです。単にオリーブ油と記されている場合は、ピュア・オリーブ油を指します。
- 有馬さんの使用している「ガルム」は魚醤の一種です。なければナンプラーや醤油を使ってください。
- 有馬さんの使用している「粗糖（そとう）」は、加工段階にある砂糖の一種です。精製していないため、ミネラル分を豊富に含みます。なければ好みの砂糖を使ってください。

撮影　海老原俊之
デザイン　野本奈保子（ノモグラム）
編集　長澤麻美
　　　佐藤順子

使える牛肉レシピ
beef

薄切り、こま切れ、切り落とし	8
すき焼き用、しゃぶしゃぶ用	28
焼き肉用	46
ステーキ用	64
塊肉	77
挽き肉	96
すじ肉、小腸、ハチノス、レバー	124

薄切り、こま切れ、切り落とし

薄切り肉（スライス）は文字通り薄くカットされた肉で、大きさや厚さが均一です。こま切れ肉や切り落としは、肉をカットする際に出た切れ端を集めたものです。いずれも炒め物や煮物、その他さまざまな料理に幅広く使うことができ、重宝です。

牛丼

玉ネギは甘みを出すために繊維を断ち切って薄切りに。
充分に炒めて甘みを出して、玉ネギの甘さで食べさせます。

(料理／吉岡英尋)

材料（2人分）

牛こま切れ肉 … 150g
玉ネギ … 1個
牛脂 … 適量
A
| 水 … 210cc
| 酒 … 150cc
B
| 醤油 … 大さじ1
| 砂糖 … 小さじ1
ご飯 … 丼2杯

作り方

1. 玉ネギは甘みが出るよう、繊維を断ち切るように3mm厚さの半月切りにする(a)。
2. 熱したフライパンに牛脂を入れて溶かす(b)。
3. 2に牛肉、1の玉ネギを一緒に入れて(c)、中火でじっくり炒める(ここで玉ネギの甘さを充分出しておく)。
4. 茶色く色づいてきたら、Aを入れる(d)。
5. 沸いたら3〜4分間煮詰め、Bを加えて味をつける(e)。少しグツグツ煮て味を馴染ませたら、牛丼の具の完成(f)。
6. ご飯を丼に盛り、5をのせる。

薄切り、こま切れ、切り落とし

牛こまと木の子の玉子とじ

牛肉、卵ともに火の入れすぎに注意しましょう。卵はとろりと半熟で。
（料理／吉岡英尋）

材料（一皿で2人分）

牛こま切れ肉 … 70g
シメジ … 1/2パック
シイタケ … 2本
エノキ … 1/2袋
割下
　だし汁 … 60cc
　みりん … 大さじ1
　醤油 … 大さじ1
卵 … 2個
三つ葉（ざく切り）… 適量
粉山椒 … 適量

作り方

1. シメジ、エノキは石づきを切り落としてほぐす。シイタケも石づきを切り落として薄切りにする。
2. 割下を鍋に入れ、キノコ類を入れて火にかける。
3. キノコに火が入ったら、牛肉を広げて入れる。
4. 牛肉に半分程度火が通ったら、溶いた卵をまわし入れて蓋をし、火を強めて数秒煮てすぐに火を止める。卵は半熟状態になるように、蓋をしたまましばらく蒸らす。
5. 器に盛り、三つ葉を散らし、粉山椒をふる。

薄切り、こま切れ、切り落とし

うど肉巻き 山椒風味

こま切れ肉でも充分巻けます。
ウドの歯応えを残すように焼いてください。

(料理／吉岡英尋)

材料（2人分）

牛こま切れ肉 … 35g
ウド … 1本8cm×2
サラダ油 … 小さじ1
A
　醤油 … 大さじ1
　酒 … 大さじ1
粉山椒 … 適量

作り方

1. ウドは8cm長さに切って皮をむく。
2. 牛こま切れ肉をつぎはぎして広げ、ウドを巻く。これを2本作る。
3. フライパンを熱し、サラダ油をひき、2を入れる。まわしながらまわりを焼く。
4. 牛肉に焼き色がついたらAをフライパンにまわし入れる。ウドは生でも食べられるので、完全に火が入らなくてもよい。
5. 3等分くらいに切り分けて器に盛り、4の汁を煮詰めてかける。粉山椒をふる。

薄切り、こま切れ、切り落とし

牛しぐれ煮の焼きおにぎり茶漬け

しぐれ煮は作りおきのきく常備菜。
ここではおにぎりに混ぜてゴマ油で香ばしく焼き、お茶漬けにしました。
(料理／吉岡英尋)

材料（2人分）

牛しぐれ煮（作りやすい量）
- 牛こま切れ肉 … 200g
- 水 … 1ℓ
- 醤油 … 大さじ4
- 酒 … 大さじ4
- 砂糖 … 30g
- 生姜（せん切り） … 20g

ご飯 … 100g
ゴマ油 … 小さじ1

茶漬けだし
- だし汁 … 90cc
- 緑茶 … 90cc
- 酒 … 大さじ1
- 薄口醤油 … 小さじ1

煎り白ゴマ、九条ネギ（小口切り）、
　もみ海苔 … 各適量

作り方

1. 牛しぐれ煮を用意する。牛こま切れ肉は煮縮みするので、大きめに切る。熱湯をかけて霜ふりし、アクや血を取り除く(a)。
2. 鍋に1の牛肉、分量の水、醤油、酒を入れて火にかける(b)。沸いたら砂糖、生姜を入れ、適宜アクを取り除きながらコトコトと煮る(c)。
3. 煮汁がなくなるまで煮続けたら(d)、でき上がり。
4. ご飯に3のしぐれ煮を混ぜて、たいこ形のおにぎりを2個作る。熱したフライパンにゴマ油をひいて、おにぎりを香ばしく焼く。
5. お椀に4の焼きおにぎりを入れ、煎りゴマと九条ネギを散らし、沸かした茶漬けだしをかける。もみ海苔を散らしてでき上がり。

薄切り、こま切れ、切り落とし

牛肉とトマトのふわふわ炒め

ポピュラーな中国のお惣菜。
いかに卵をふわふわに仕上げるかがポイントです。
（料理／菰田欣也）

材料（2人分）

牛切り落とし肉 … 120g
トマト … 1/2個
卵 … 3個
A
｜ 塩、コショウ … 各少量
B
｜ 塩、コショウ … 各少量
｜ 上白糖 … 小さじ1/3
C
｜ 生姜（すりおろし）… 小さじ1
｜ 酒（紹興酒または日本酒）… 大さじ1
｜ 上白糖 … 大さじ2/3
｜ 醤油 … 小さじ1
｜ オイスターソース … 小さじ1
｜ 鶏ガラスープ … 60cc
｜ 片栗粉 … 小さじ1
サラダ油 … 適量

作り方

1. 牛肉にAで下味をつける。卵はボウルに割り入れ、Bを加えてよく溶いておく。
2. トマトはヘタを取り、くし形に切る。
3. 中華鍋（または深めのフライパン）にサラダ油を適量熱して1の牛肉を入れ、火が通ったらザルにあけ、油を切る（a）。
4. 油をあけた3の鍋に、新たにサラダ油大さじ2を入れ、鍋肌から煙が出るまで熱したら1の溶き卵を入れ、大きく混ぜながら炒める（b）。半分くらい火が通ったら、2のトマトと3の牛肉を入れて軽く合わせ（c）、器に盛る。
5. 4を取り出した後の鍋にCを入れて火にかける。とろみがついたら4の上からかける。

ポイント

油をしっかり熱して温度を上げることで、卵がふんわりした状態になる。

a

b

c

牛肉と五目野菜の炒め物

野菜をたくさん食べたいときは、こま切れ肉を上手に使いましょう。
（料理／蓮田欣也）

材料（2人分）

牛こま切れ肉 … 120g
ニンジン … 1/4本
セロリ … 1本
キャベツ … 1/5個
ピーマン … 1個
シイタケ … 2本
A
| 塩、コショウ … 各少量
| 醤油 … 小さじ1/2
| 酒（紹興酒または日本酒）… 大さじ1
| 片栗粉 … 大さじ1
B
| 塩、コショウ … 各少量
| 上白糖 … 小さじ2/3
| 酢 … 小さじ1/2
| 酒 … 大さじ1
| 鶏ガラスープ … 大さじ1
| 醤油 … 小さじ2
| 片栗粉 … 小さじ1/3

ポイント

合わせ調味料を入れたらすぐに混ぜず、片栗粉にとろみがつくまで待つ。すぐに混ぜると片栗粉に火が通るまでに水っぽくなってしまう。

作り方

1. 牛肉にAで下味をつける。
2. ニンジン、セロリ、キャベツ、ピーマン、シイタケは4cm長さほどの細切りにする。
3. ボウルにBを合わせておく。
4. 中華鍋（または深めのフライパン）にサラダ油大さじ1（分量外）をひき、1の牛肉を入れて火にかけ、七割ほど火が通ったら2の野菜を固めのものから順に入れて炒めていく。
5. 4の野菜が全体的にしんなりしてきたら、3の合わせ調味料を入れ、全体に味が絡んだら器に盛る。

牛切り落とし肉のリンゴ酢サラダ

リンゴ酢のやさしい酸味と香菜の風味でさっぱりします。
夏にぴったりの肉サラダ。

(料理／菰田欣也)

材料(2人分)

牛切り落とし肉 … 180g
セロリ … 2本
玉ネギ … 1/4個
赤唐辛子(生) … 1/2本
パプリカ(黄) … 1/4個
香菜 … 5本

A
| 塩 … 小さじ1/5
| コショウ … 少量
| ゴマ油 … 小さじ1/3

B
| リンゴ酢 … 大さじ2
| 上白糖 … 小さじ1/2
| 塩 … 少量
| ニンニク(すりおろし) … 小さじ1/4
| 醤油 … 小さじ1/3

作り方

1. セロリ、玉ネギ、赤唐辛子は薄切りにし、パプリカは細切りに、香菜は5cm長さに切る。ボウルに合わせて水にさらし、ザルにあけて水気を切っておく。
2. 牛肉をさっとゆでて水気を切り、Aで下味をつけ、粗熱を取る。
3. Bをボウルに合わせてドレッシングを作る。
4. 器に1の野菜を盛り、2の牛肉を盛り込み、3をまわしかける。

ポイント

リンゴ酢のドレッシングは香味野菜によく合う。

薄切り、こま切れ、切り落とし

牛肉の あんかけ焼きそば

ボリュームたっぷりの焼きそばです。
下味の絡んだ牛肉がおいしい。
（料理／孤田欣也）

材料（2人分）

牛切り落とし肉 … 150g
白菜 … 1枚
キャベツ … 1/8個
パプリカ（赤）… 1/4個
チンゲン菜 … 1株
焼きそば用麺 … 2玉
A
　塩、コショウ … 各少量
　醤油 … 小さじ1/3
　酒（紹興酒または日本酒）… 大さじ1
　溶き卵 … 大さじ2
　片栗粉 … 大さじ2
　サラダ油 … 少量
B
　鶏ガラスープ … 300cc
　酒 … 小さじ2
　コショウ … 少量
　上白糖 … 小さじ2/3
　塩 … 小さじ1/3
　生姜（すりおろし）… 小さじ2/3
水溶き片栗粉 … 大さじ4

作り方

1. 牛肉にAをもみ込み、下味をつけておく。
2. 白菜、キャベツ、パプリカは一口大に切り、チンゲン菜は葉と茎に切り分け、それぞれ一口大に切る。
3. 中華鍋（または深めのフライパン）にサラダ油大さじ1（分量外）を入れて、焼きそばの麺を入れ、両面ともしっかり煎り焼き、クッキングペーパーの上に取り出して油を切っておく。
4. 麺を取り出した後の3の鍋に1の牛肉を入れて炒め、火が通ったら2の野菜とBを入れる。野菜がしんなりしたら水溶き片栗粉でとろみをつける。
5. 3の麺を器に盛り、4のあんを上からかける。

ポイント

麺は両面をしっかり焼くことであんをしっかり吸ってくれるので、べちゃべちゃした仕上がりにならない。

薄切り、こま切れ、切り落とし

牛肉と春雨の豆板醤煮込み

白いご飯が欲しくなる味つけです。
(料理／菰田欣也)

材料（2人分）

牛こま切れ肉 … 120g
春雨 … 100g（水で戻したもの）
万能ネギ … 3本

A
　塩、コショウ … 各少量
　醤油 … 小さじ1/2
　酒（紹興酒または日本酒）… 大さじ1

B
　豆板醤 … 大さじ1
　ニンニク（すりおろし）… 小さじ1/3
　鶏ガラスープ … 300cc

C
　酒 … 小さじ2
　醤油 … 小さじ1/2
　オイスターソース … 小さじ1/2
　コショウ … 少量

サラダ油（仕上げ用）… 小さじ1

作り方

1. 戻した春雨は4cm長さに切る。万能ネギは4cm長さの斜め切りにする。
2. 牛肉にAで下味をつけ、熱した中華鍋（または深めのフライパン）にサラダ油を少量（分量外。フライパンなら必要ない）ひいたところに入れて、強火で焼き色をつけるように炒める。
3. 2にBの豆板醤とニンニクを入れ、香りが出てきたら鶏ガラスープと春雨を加えて3分ほど弱火で煮込む。
4. 3にCを入れて味を調え、2/3量の万能ネギと仕上げ用のサラダ油を加えて器に盛る。残りの万能ネギを、彩りにのせる。

ポイント

春雨はしっかり水で戻さないと、煮込んだときの水分の吸いが悪いので注意。

なすと牛こま切れ肉のアーグロドルチェ

アーグロドルチェとは、甘酢っぱいという意味。
赤ワインヴィネガーで酸味を、チョコレートで甘みを加えています。
（料理／有馬邦明）

材料（2人分）

牛こま切れ肉 … 200g
ニンニク（薄切り）… 2枚
玉ネギ（薄切り）… 1/4個分
ナス（くし形切り）… 2〜3本分
パプリカ（赤。くし形切り）
　… 1/2個分
スーゴディカルネ※
　（市販のフォンドヴォーでもよい）
　… 100cc
赤ワインヴィネガー
　（またはバルサミコ酢）… 大さじ2
トマトソース（p.112参照）
　… 大さじ1
ブラックチョコレート（刻む。
　または無糖のココア）… 小さじ1
赤唐辛子、塩、コショウ、オリーブ油
　… 各適量

※スーゴディカルネ：フランス料理のフォンドヴォーに相当する、だし汁。

作り方

1. フライパンにオリーブ油とニンニク、玉ネギを入れて炒め、香りが立ったらナスとパプリカを入れて焼く。
2. 塩、コショウをした牛肉を1に加えて炒め、肉の表面が白くなってきたらスーゴディカルネ、赤ワインヴィネガー、トマトソースを加え、とろみがつくまで中火で煮る。
3. いったん火を止めてチョコレートを加え（a）、再び火にかけ、ちぎった赤唐辛子、コショウを加える。器に盛り、好みで黒コショウ（分量外）を挽きかける。

ポイント

- バルサミコ酢を使うと、もう少し甘みが強くなる。
- 最後に唐辛子やコショウで辛みをきかせると、味にキレが出る。

a

薄切り、こま切れ、切り落とし

お米の温かいサラダ

イタリア風混ぜご飯！
（料理／有馬邦明）

材料（2人分）

米 … 1.5合
牛こま切れ肉 … 100g
玉ネギ（みじん切り）… 1/4個分
ニンニク（みじん切り）… 1/2カケ分
バター … 大さじ1
オリーブ油 … 小さじ1
ブロード（鶏ガラスープ。p.116参照）
　… 2½カップ
A
│ パプリカ（乱切り）… 1個分
│ チコリ（乱切り）… 1/2個分
│ オリーブ（薄切り）、アンチョビ（刻む）、
│ 　松の実 … 各適量
│ チリパウダー、塩、コショウ
│ 　… 各適量

作り方

1. 鍋にバターとオリーブ油を入れて火にかけ、ニンニクと玉ネギを炒める。白っぽくなってきたら、米を洗わずに入れて炒める。米が透き通ってきたら牛肉を入れ、ブロードを加え、中火〜強火で加熱する。
2. 1が沸いたら蓋をし、弱火で14分煮て火を止め、そのまま3分蒸らす。
3. 2にAを加えて和える。

ポイント

・炒めが足りないと米がブロードを吸いすぎて仕上がりがべちゃつく。ただし、透明になった米が白くなってきたら炒めすぎ。
・ピクルスを加えてもおいしい。

薄切り、こま切れ、切り落とし

スピエディーノのパン粉焼き

塊肉を使った串焼きは、火の通りぐあいが心配なものですが、
スライス肉と野菜をあらかじめフライパンで炒めておけば安心です。
肉はやわらかく、キノコはジューシーに仕上がります。パン粉が香ばしい。
(料理／有馬邦明)

材料

牛肉（カルビ、モモ肉など。
　厚めのスライス）… 適量
A
│ ガルム※（ナンプラー、
│　醤油などでもよい）、粗糖※
│　　… 各適量
│ ニンニク（薄切り）… 2〜3枚
キノコ（コプリーヌ、シイタケ、
　マッシュルームなど）… 適量
パン粉 … 適量
B
│ ニンニク（すりおろし）、
│ ローズマリー（みじん切り）、
│ パルミジャーノ・レッジャーノ・
│ チーズ（すりおろし）… 各適量
オリーブ油 … 少量
ライム … 適量

※ガルム：魚醤の一種。
※粗糖：加工の途中段階にある砂糖の一種。

ポイント

フライパンでは素材に六割火を入れるつもりで焼く。

作り方

1. 牛肉はAでマリネしておく。
2. フライパンに少量のオリーブ油をひいてキノコを炒める。焼き色がつき、香りが立ってきたら1の牛肉も加えて炒め、すべて皿に取り出しておく。
3. 金串に、2のキノコと食べやすくまとめた牛肉を交互に刺し、Bを加えたパン粉かけ、パン粉に焼き目がつくまでオーブンで焼く。皿に盛り、ライムを添える。

薄切り、こま切れ、切り落とし

プルコギ（醤油味）

プルコギ（辛味噌味）

薄切り、こま切れ、切り落とし

プルコギ丼

プルコギ（醤油味）

プルコギは、日本のすき焼き風の料理。
ここではたっぷりの野菜と合わせ、栄養のバランスのいい一皿にしました。
（料理／金順子）

材料（2人分）

牛切り落とし肉 … 160g

野菜
- キャベツ … 1/4個
- 玉ネギ … 1/2個
- ニンジン（薄切り）… 3枚
- 長ネギ（青い部分）… 2本

A
- 醤油たれ（p.50参照）… 大さじ3
- ゴマ油 … 大さじ1
- 砂糖 … 大さじ1
- 酒 … 大さじ2
- すり白ゴマ … 小さじ1
- 黒コショウ … 少量
- ニンニク（すりおろし）… 大さじ1

作り方

1. ボウルに牛肉とAを入れて合わせ、味を馴染ませる。
2. 野菜を食べやすい大きさに切り、1の肉とともに鍋に入れ、蓋をして中火にかける。
3. キャベツがしんなりしたら強火にし、全体を混ぜ合わせて味を馴染ませる。

プルコギ（辛味噌味）

こちらはコチュジャンを使ったちょっと辛い味つけです。
作り方は上記の醤油味と同じ。好みでどうぞ。
（料理／金順子）

材料（2人分）

牛切り落とし肉 … 160g

野菜
- キャベツ … 1/4個
- 玉ネギ … 1/2個
- ニンジン（薄切り）… 3枚
- 長ネギ（青い部分）… 2本

A
- コチュジャン … 大さじ2
- ニンニク（すりおろし）… 大さじ1
- ゴマ油 … 大さじ1
- 黒コショウ … 少量
- 酒 … 大さじ2
- みりん … 大さじ2
- 砂糖 … 大さじ1

作り方

1. ボウルに牛肉とAを入れて合わせ、味を馴染ませる。
2. 野菜を食べやすい大きさに切り、1の肉とともに鍋に入れ、蓋をして中火にかける。
3. キャベツがしんなりしたら強火にし、全体を混ぜ合わせて味を馴染ませる。

プルコギ丼

韓国風の牛丼です。たれもたっぷりかけて食べてください。
（料理／金順子）

材料（1人分）

牛切り落とし肉 … 160g
万能ネギ … 5〜6本
A
　醤油たれ（p.50参照）… 大さじ2
　ゴマ油 … 大さじ1
　みりん … 大さじ1
　すり白ゴマ … 少量
　砂糖 … 少量
　黒コショウ … 少量
ご飯 … 丼1杯分

作り方

1. 鍋に牛肉とAの調味料を合わせて入れ、火にかけて炒める。
2. 肉に火が通ったら5cm長さに切った万能ネギを加えてさっと炒める。
3. 丼にご飯をよそい、2をたれごとのせる。

薄切り、こま切れ、切り落とし

すき焼き用、しゃぶしゃぶ用

すき焼きやしゃぶしゃぶに、そのまま使えるようにカットされた肉です。すき焼き用はしゃぶしゃぶ用よりやや厚めのものが多いようですが、いずれもロースなど脂肪の多い部位が人気です。薄く大判で形が整っているので、他の素材に巻きつけたり、包んだりといった使い方が楽にできます。

アスパラの牛肉巻き

すき焼き用、しゃぶしゃぶ用

しゃぶしゃぶ肉の紹興酒漬け

しゃぶしゃぶ肉の
紅油ソースがけ

アスパラの牛肉巻き

お馴染みのアスパラ巻きも、
中華風の甘辛いたれを添えればいつもと違う一品に。

(料理／菰田欣也)

材料(2人分)

グリーンアスパラガス … 4本
牛肉(すき焼き用) … 2枚(150g)
プチトマト … 2個
A
　上白糖 … 大さじ1/2
　酒(紹興酒または日本酒)
　　… 大さじ1
　醤油 … 小さじ1/2
　豆板醤 … 小さじ1/2
　甜麺醤 … 小さじ1
　ゴマ油 … 小さじ1/2
塩、コショウ … 各少量
酒 … 大さじ2

作り方

1. Aを合わせてたれを作る。
2. 牛肉をバットに広げ、塩、コショウで下味をつける。
3. 2の肉を半分に切り、固い部分を切り落としたアスパラガスに巻きつける。熱したフライパンに入れて上下ともよく焼いたら、酒を加えて蓋をし、約2分間蒸し焼きにする。
4. 器に3を盛り、くし形に切ったプチトマトを飾り、1のたれを添える。

ポイント

水分(酒)を入れ、蓋をして蒸し焼きにすることで、中のアスパラガスまでジューシーに仕上がる。

しゃぶしゃぶ肉の紹興酒漬け

牛肉の旨みと紹興酒の風味が口中に広がります。
酒の肴にぴったりです。
（料理／薗田欣也）

材料（2人分）

牛肉（しゃぶしゃぶ用）… 100g
オクラ　3本
ゴーヤ（苦瓜。種とワタを除く）
　… 1/4本
ハスイモ … 1/2本
A（割合）
　上白糖1：紹興酒2：醤油2：みりん2

ポイント

漬けだれは多めに作って保存できる（常温保存可）。魚介料理にもよく合う。

作り方

1．Aの調味料を左記の割合で合わせて漬けだれを作る。
2．牛肉をさっとゆで、ザルにあけて水気を切り、熱いうちに1のたれに入れて30分ほど漬けておく。
3．オクラは一口大の斜め切りに、ゴーヤとハスイモは5mm厚さに切り、すべて軽くゆでて水気を切り、器に盛る。
4．3に2の肉を盛り付ける。

しゃぶしゃぶ肉の紅油ソースがけ

ラー油の辛みがおいしい。
肉と一緒に野菜もたっぷり食べられます。
（料理／薗田欣也）

材料（2人分）

牛肉（しゃぶしゃぶ用）… 100g
水菜 … 1束
玉ネギ … 1/4個
ニンジン … 1/4本
A
　ニンニク（すりおろし）… 小さじ1/2
　酢 … 小さじ1/2
　甘口醤油（九州の刺身醤油）
　　… 大さじ1½
　上白糖 … 小さじ1/2
煎り白ゴマ … 少量
ラー油 … 適量（好みで）

作り方

1．水菜は3cm長さに切り、玉ネギは薄切りに、ニンジンは糸切りにする。ボウルに合わせて水洗いし、ザルにあけて水気を切る。
2．Aを合わせてたれを作る。
3．1の野菜を器に盛り、さっとゆでた牛肉をのせる。2のたれをかけて煎りゴマをふり、ラー油をかける。

ポイント

ゆでたての牛肉にたれをかけることで、全体に味がのる。

すき焼き用、しゃぶしゃぶ用

牛肩ロース肉とレンコン焼き

すき焼き用、しゃぶしゃぶ用

牛肩ロース肉と豆腐の
すき焼き風

牛もも肉とほうれん草のお浸し

すき焼き用、しゃぶしゃぶ用

牛肩ロース肉とレンコン焼き

歯応えを残したレンコンを、牛肉と一緒に食べてみてください。
（料理／吉岡英尋）

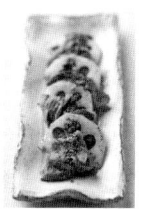

材料（2人分）

牛肩ロース肉（すき焼き用）… 70g
レンコン（半月切り）… 4切れ
粒マスタードだれ
| 粒マスタード … 20g
| 醤油 … 大さじ1
サラダ油 … 小さじ1

作り方

1. サラダ油をひいたフライパンを熱してレンコンを入れる。おいしそうな焼き色がついたら裏返す。
2. レンコンに火が入ったら牛肉を入れ、レンコンを取り出す。牛肉の表面に火が入ったら裏返し、肉のピンク色が残っている状態で取り出す。
3. 2のレンコンと牛肉を交互に重ねて盛り、粒マスタードと醤油を合わせたたれを上からかける。

ポイント

レンコンは歯応えを残したいので、焼きすぎない。

牛肩ロース肉と豆腐のすき焼き風

フライパンで作る簡単すき焼き。あっという間にでき上がります。
（料理／吉岡英尋）

材料（2人分）

牛肩ロース肉（すき焼き用）… 70g
木綿豆腐（角切り）… 1/4丁分
玉ネギ（半月切り）… 1/2個分
春菊 … 適量
温泉玉子（市販）… 1個

割下

- 醤油 … 大さじ2
- 酒 … 大さじ2
- 砂糖 … 大さじ2

牛脂 … 少量

作り方

1. 春菊は熱湯でゆでて、すぐに冷水に取る。
2. フライパンに牛脂を入れて温め、玉ネギをほぐして炒める。少し透明感が出てきたら牛肉を入れる。肉の色が半分くらい変わったら割下を入れる。
3. 割下が沸いたら豆腐、水気を絞った春菊を入れる。
4. 豆腐が温まったら器に盛り、上に温泉玉子を割り落とす。

牛もも肉とほうれん草のお浸し

味がよく絡むように、牛肉に片栗粉を打って治部煮風に。
温かくても冷めても旨い！
（料理／吉岡英尋）

材料（1皿分）

牛モモ肉（しゃぶしゃぶ用）… 50g
片栗粉 … 適量

A

- だし汁 … 180cc
- みりん … 大さじ2
- 醤油 … 大さじ2

ホウレン草 … 1/2把
ワサビ（すりおろし）… 少量

作り方

1. ホウレン草は熱湯でゆでて冷水に取り、水気を絞り、3cm長さに切り揃える。
2. Aの材料をすべて鍋に合わせて熱し、沸いたら片栗粉をまぶした牛肉を入れる。再沸騰したら火を止めて牛肉を取り出し、食べやすく切る。
3. ホウレン草を、火を止めた2の鍋の温かい汁に入れて温め、器に盛る。上に2の牛肉を盛って汁をかけ、おろしワサビを添える。

すき焼き用、しゃぶしゃぶ用

牛しゃぶロース、
クレソンと白菜のサラダ

牛肉とじゃがいもの
サルサヴェルデ

すき焼き用、しゃぶしゃぶ用

すき焼きのフリッタータ

すき焼き用、しゃぶしゃぶ用

牛しゃぶロース、クレソンと白菜のサラダ

湯はぐらぐら沸騰させないで、80℃ほどに。
ここに肉をサッとくぐらせてピンク色を残してください。
（料理／吉岡英尋）

材料（一皿で2人分）

牛ロース肉（しゃぶしゃぶ用）… 75g
クレソン … 5本程度
白菜の葉（せん切り）… 適量
おろしだれ
　大根おにおろし … 30g
　酢 … 大さじ1
　醤油 … 大さじ2
七味唐辛子（好みで）… 少量

作り方

1. 白菜の葉は水にくぐらせ、水気を切ってパリッとさせる。切り揃えたクレソンはさっと熱湯にくぐらせ、冷水に取る。
2. おろしだれの材料をすべて混ぜ合わせる。
3. 牛肉を80℃の湯にくぐらせる。まだ少しピンク色が残っている状態で取り出し、食べやすい大きさに切る。
4. 3の牛肉を折り重ねながら盛り、1のクレソンを散らす。1の白菜の葉と生のクレソン（分量外）を盛り合わせ、2のおろしだれをかけ、好みで七味唐辛子をふる。

牛肉とじゃがいものサルサヴェルデ

木の芽を使ったサルサヴェルデが、新鮮な味わいです。
（料理／有馬邦明）

材料（2人分）

牛肉（しゃぶしゃぶ用）… 100g
ジャガイモ（ゆでる）… 150g
塩、酒 … 各少量
A
　ニンニク（すりおろし）… 少量
　木の芽のサルサヴェルデ（下記参照）
　　… 大さじ3
　ワインヴィネガー … 大さじ1〜2
パルミジャーノ・レッジャーノ・チーズ
　… 適量
みょうが（薄切りにし、酢水にさらす）
　… 少量

作り方

1. ジャガイモは皮付きのまま、水から入れてやわらかくなるまでゆでて、皮をむき、1cm厚さに切る。湯をあけた鍋に戻し、火にかけて水分を飛ばし、粉吹きいもにする。
2. 牛肉は、塩と酒を少量加えた湯でさっとゆでる。
3. 1と2を合わせ、Aを加えて和える。器に盛り、削ったパルミジャーノ・チーズと水気を切ったみょうがをのせる。

木の芽のサルサヴェルデ (a)

木の芽100g、ニンニク1/4カケ、アンチョビ1枚、松の実小さじ1、オリーブ油適量を合わせてすり鉢ですりつぶし、ワインヴィネガー小さじ1〜1½を加えてすり混ぜる。

すき焼きのフリッタータ

いつものすき焼きで作ってみてください。
すき焼きが、イタリアンに変身です。

（料理／有馬邦明）

材料（2人分）

牛肉（すき焼き用）… 100g
玉ネギ（くし形切り）… 1/2個分
A
| みりん、醤油、酒 … 各大さじ2
B
| 卵 … 2個
| 生クリーム … 大さじ2
| モッツァレッラ・チーズ … 30g
| パルミジャーノ・レッジャーノ・
| チーズ（すりおろし）… 大さじ1

作り方

1. Bをボウルに混ぜ合わせておく。
2. すき焼きを作る。Aをフライパンに合わせて火にかけ、アルコールを飛ばす。玉ネギと牛肉を入れ、ある程度色が変わってきたら、1を流し入れる。
3. 2を180℃のオーブンに入れて10分焼く。

すき焼き用、しゃぶしゃぶ用

春巻きフリット

牛肉とチーズが入った春巻きです。
パート・フィロや手打ちパスタを使ってももちろんけっこうですが、
手に入りやすい春巻きの皮を使うとより簡単です。ワインのおつまみにどうぞ。
（料理／有馬邦明）

材料（2人分）

春巻きの皮 … 8枚
牛モモ肉（しゃぶしゃぶ用）… 100g
A
| マスタード … 大さじ1
| 味噌 … 小さじ1
パルミジャーノ・レッジャーノ・チーズ
　（すりおろし）… 大さじ1
カチョカヴァッロ・チーズ
　（なければモッツァレッラ・チーズや
　プロセス・チーズでもよい）… 適量
青みかんの皮 … 少量
小麦粉、油（サラダ油＋オリーブ油）
　… 各適量

作り方

1. 春巻きの皮の、対角線上に牛肉を2枚のせ、混ぜ合わせたAを塗り、パルミジャーノ・チーズをふり、青みかんの皮をおろしかけ、カチョカヴァッロ・チーズをのせる。皮のまわりに水溶きの小麦粉を塗り、左右の皮を折りたたんだ後、巻いていく（a〜e）。
2. フライパンに、浅め（春巻きの半分の高さくらいまで）に油を入れて200℃に熱し、1を入れて揚げる（f）。下の面が色づいたら裏返し、全体に揚げ色がついたら油を切る。
3. 食べやすく切り分けて器に盛り、青みかん（分量外）を添える。

ポイント

青みかんに限らず、酸味のある柑橘を絞って食べるとよい。

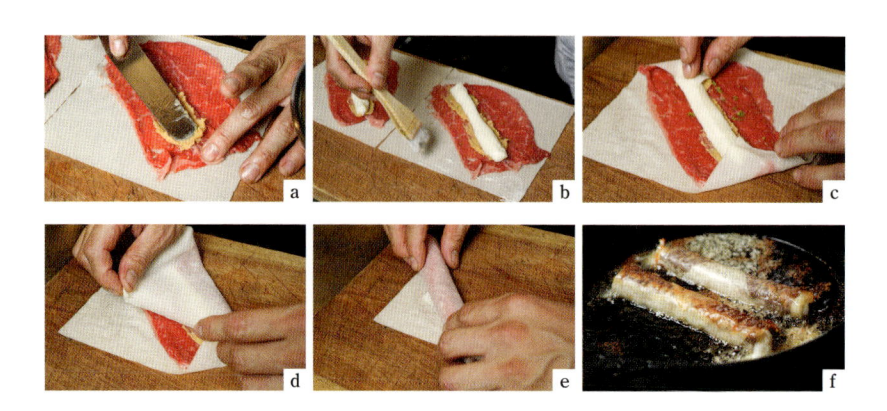

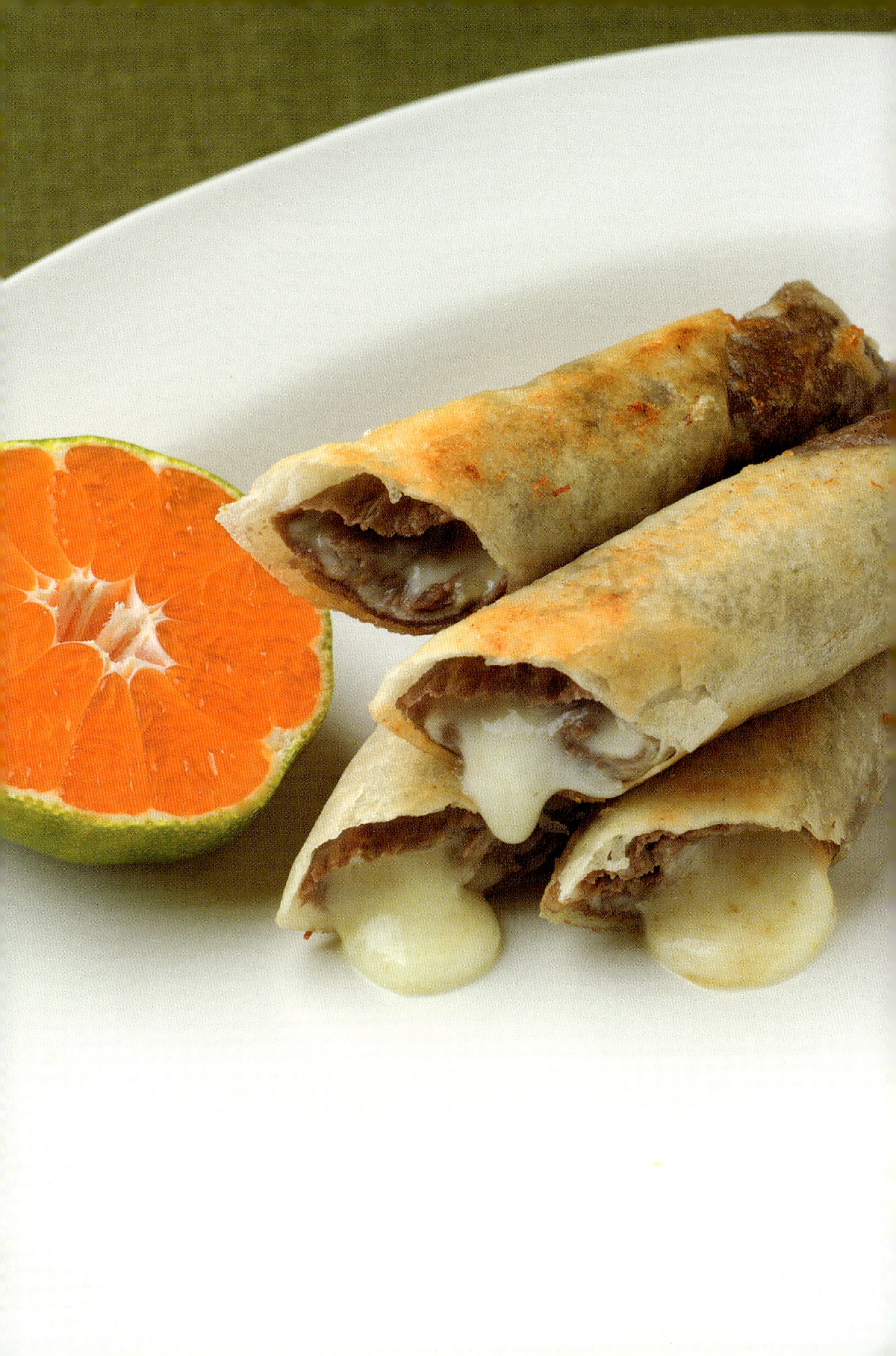

白菜と牛肉のミルフィーユグラタン

ジャガイモで作る「ドフィノワ」の応用です。やさしい味わいのクリームグラタン。野菜から出た水分でクリームシチューのよう。野菜がたっぷり食べられます。白菜のかわりにキャベツを使ってもおいしい。

（料理／有馬邦明）

材料（2人分）

牛肉（すき焼き用）… 150g
白菜（下ゆでする）… 1/6株分
ラザニア（市販品をゆでたもの。ここではグリーンのものを使用した）… 2枚
生クリーム … 150cc
パルミジャーノ・レッジャーノ・チーズ（すりおろし）… 大さじ5～6
モッツァレッラ・チーズ … 100g
ナツメグ（粉）… 少量
オリーブ油 … 少量

作り方

1. グラタン皿（または鍋）にオリーブ油をひいて、ゆでた白菜を敷き、ラザニア、牛肉の順に重ね、生クリームを1/3量注いでパルミジャーノ・チーズをおろしかける。再び白菜、ラザニア、牛肉、1/3量の生クリーム、白菜を重ね、残りの生クリームを注いでナツメグをふり、パルミジャーノ・チーズをおろしかけ、モッツァレッラ・チーズをのせる（a～f）。
2. 1を200℃のオーブンで10分焼く。沸いてきて、表面に焼き色がつけばよい。

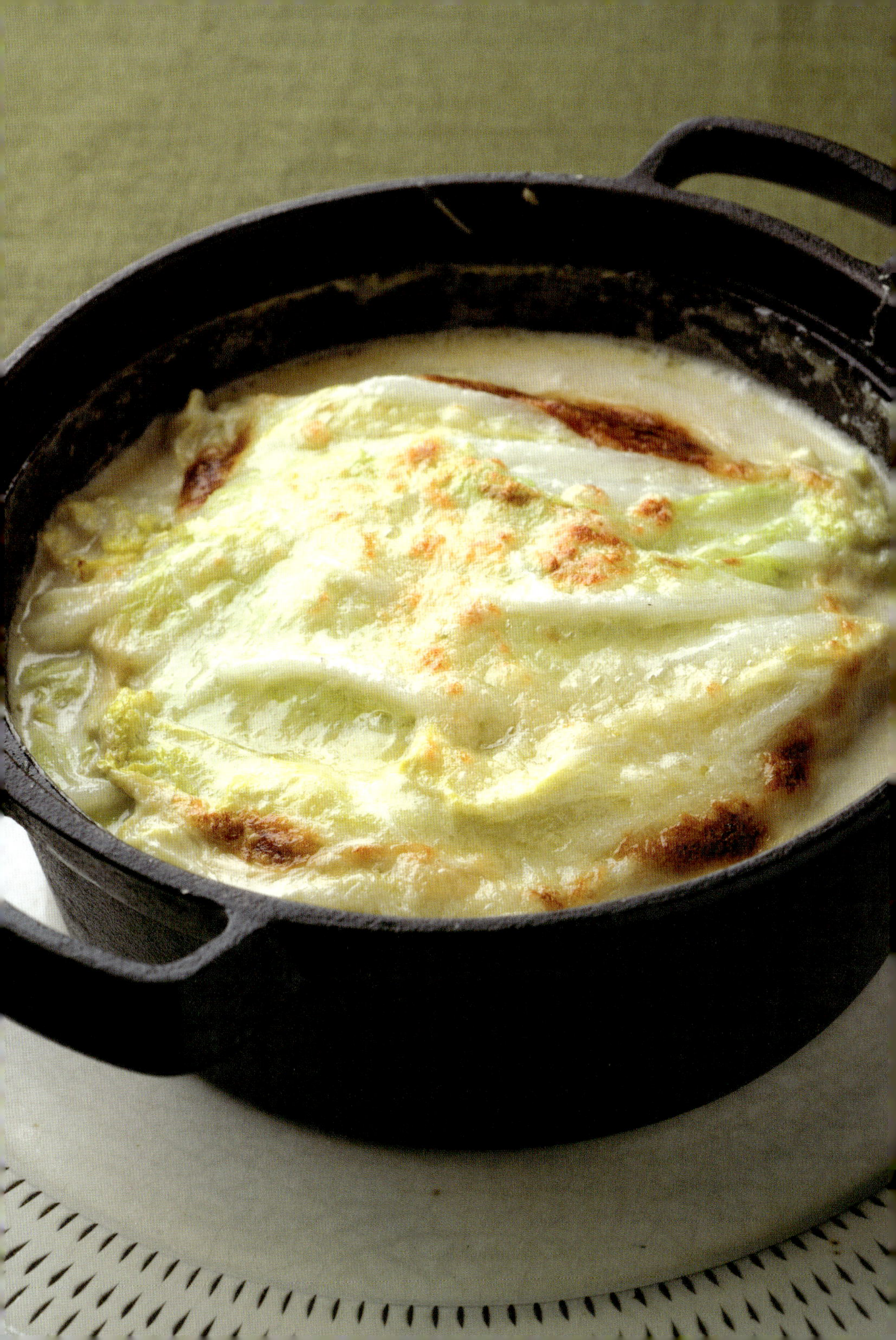

すき焼き用、しゃぶしゃぶ用

すき焼き用、しゃぶしゃぶ用

四川名物"牛肉の辛み煮込み"

中国語で「水煮牛肉」(シュイ・ジュウ・ニュー・ロー)。
代表的な四川料理です。唐辛子の辛みがくせになるおいしさ。
(料理／菰田欣也)

材料 (2人分)

牛肉 (すき焼き用) … 160g
ニンジン … 1/4本
チンゲン菜 … 1株
キクラゲ (水で戻したもの) … 20g

A
| 塩 … 小さじ1/4
| コショウ … 少量
| 酒 (紹興酒または日本酒) … 大さじ1
| 醤油 … 小さじ1/3
| 一味唐辛子 … 小さじ1
| 片栗粉 … 大さじ2

B
| サラダ油 … 大さじ1
| 乾燥赤唐辛子 … 5本
| 花椒 (ホワジャオ。中国山椒)
| … 10粒
| 豆板醤 … 大さじ1
| 鶏ガラスープ … 300cc

C
| 酒 … 大さじ1
| 醤油 … 小さじ1/2
| 上白糖 … 小さじ1/3
| オイスターソース … 小さじ1/3
| 一味唐辛子 … 小さじ1

作り方

1. Aの片栗粉は大さじ3の水で溶いておく。牛肉を5cm幅に切ってボウルに入れ、Aの調味料(塩～一味唐辛子)を加えてよくもみ、最後に水溶き片栗粉を加えてよくもみ込んでおく。
2. ニンジンは薄切りにし、チンゲン菜は葉と茎に分け、茎の部分はくし形に切る、キクラゲは石づきを除いておく。
3. 中華鍋(または深めのフライパン)にBのサラダ油をひいて、赤唐辛子と花椒を入れ、弱火でじっくり炒めて香りと辛みを油に移したら、赤唐辛子と花椒を取り出し、Bの豆板醤と鶏ガラスープを加える。
4. 3にCで味をつけ、2の野菜を入れる。しんなりしたら野菜を取り出して器に盛る(a)。
5. 野菜を取り出した後の鍋に1の牛肉をほぐしながら入れる(b)。とろみがしっかりついたら4の野菜の上にたれごと盛り付ける。
6. 5の上に一味唐辛子をのせて、200℃ほどに熱したサラダ油を大さじ1(分量外)かける(c)。

ポイント

最後に一味唐辛子の上から熱い油をかけることにより、香ばしい香りが立つ。

焼き肉用

焼き肉に使いやすい形状にカットされた肉。
肩、肩ロース、モモ、バラ（カルビ）、タン（舌）などがあります。
ある程度の厚みがあり、肉の食感も楽しめます。部位により脂肪の入り方には差がありますので、料理や好みにより選ぶといいでしょう。

※タンは焼き肉用として売られていることが多いため、この項に入れました。

牛ロース肉のクミン炒め

クミンの香りをまとった厚めの衣がおいしい！
クミンを使った味つけは、四川料理では羊肉によく使われます。
（料理／菰田欣也）

材料（2人分）

牛ロース肉（焼き肉用。1cm厚さ）
　…200g
ニンニク … 1カケ
生姜 … 1カケ
長ネギ（細め）… 1本
乾燥赤唐辛子（写真の丸い唐辛子は朝天辣椒だが、普通の赤唐辛子でもよい）
　… 20本
ブロッコリー … 1/3株
サンチュ … 2枚
エゴマの葉 … 2枚
焼き肉のたれ（市販。中辛）… 大さじ1½

A
| クミン（粉）… 5g
| 上白糖 … 2g
| 塩 … 1g
| チキンパウダー … 1g

コーンスターチ … 適量
ラー油 … 大さじ1
揚げ油（サラダ油）… 500cc

作り方

1．牛肉に焼き肉のたれを加えてもみ込み、少し漬けておく(a)。
2．ニンニク、生姜は薄切りに、長ネギは斜め薄切りにする。ブロッコリーは小房に分け、下ゆでしておく。
3．Aの調味料は合わせておく。
4．1の肉にコーンスターチをしっかりまぶしつけ(b)、180℃ほどの高温に熱した油に入れて揚げ、油を切る(cd)。
5．油をあけた4の鍋にラー油を入れ、2のニンニク、生姜、ネギを入れ、赤唐辛子も加えて弱火で炒める(e)。香りが出てきたら4の肉とブロッコリーを入れ、3を加えて味つける(f)。
6．サンチュとエゴマの葉を敷いた皿に、盛り付ける。

ポイント

・焼き肉のたれは、肉にすべて絡まるギリギリの量に。多すぎるとおいしい衣にならない。
・唐辛子は長く炒めるほど辛みが出てくるので、あまり辛くしたくない場合は炒め時間を短めにする。

焼き肉用

醤油たれ

カルビ焼き（醤油味）

焼き肉用

カルビ焼き（塩味）

カルビ焼き（辛味噌味）

焼き肉用

カルビ焼き （醤油味）

自家製の醤油たれを使った焼き肉です。
次頁の塩味、辛味噌味と合わせて味の違いを楽しんでください。

（料理／金順子）

材料（2人分）

牛肉（焼き肉用）… 120g
A
| 醤油たれ（下記参照）… 大さじ1
| ニンニク（すりおろし）… 小さじ1
| ゴマ油 … 大さじ1
| 黒コショウ … 少量

作り方

1. ボウルに牛肉とAを入れて混ぜ合わせ、5分ほど漬け込んでおく。
2. 1の肉を、網やホットプレートで焼く。

ポイント

たれに5分ほど漬けておくと、味がのっておいしい。

醤油たれ

焼き肉にも、炒め物にも煮物にも。いろいろな料理に使えて便利な万能だれ。
密閉容器に入れて、冷蔵庫で1ヵ月ほど保存できるので、多めに作っておくとよい。

材料（作りやすい量）

A
| リンゴジュース
| （果汁100％）… 100cc
| パイナップルジュース
| （果汁100％）… 100cc
| バナナ（果肉）… 60g
赤ワイン（甘口）… 80cc
三温糖 … 300g
酒 … 20cc
みりん … 80cc
旨み調味料 … 小さじ1
醤油 … 900cc

※多ければ半分量で作ってもよい。

作り方

1. Aの材料をミキサーにかける。
2. すべての材料をボウルに入れて、混ぜ合わせる。殺菌した保存びんに入れて冷蔵庫で保存する。

※使う醤油により、甘みが強く出ることがあるので、その場合は三温糖の量を控えめにする。

焼き肉用

カルビ焼き （塩味）

塩味のシンプルな味つけです。
（料理／金順子）

材料（1人分）

牛肉（焼き肉用）… 120g
A
　ゴマ油 … 大さじ1
　塩 … 小さじ1
　ニンニク（すりおろし）… 小さじ1
　黒コショウ … 少量

作り方

1．ボウルに牛肉とAを入れて混ぜ合わせ、5分ほど漬け込んでおく。
2．1の肉を、網やホットプレートで焼く。

カルビ焼き （辛味噌味）

コチュジャンを使ったさっぱりとした辛みがおいしい。
（料理／金順子）

材料（1人分）

牛肉（焼き肉用）… 120g
A
　コチュジャン … 大さじ1
　粗挽き粉唐辛子 … 少量
　ゴマ油 … 大さじ1
　ニンニク（すりおろし）… 小さじ1

作り方

1．ボウルに牛肉とAを入れて混ぜ合わせ、5分ほど漬け込んでおく。
2．1の肉を、網やホットプレートで焼く。

焼き肉用

牛バラ肉のオレンジ煮込み

焼き肉用

牛カルビの黒こしょう炒め

牛ロース肉と焼きしいたけ
梅わさびおろし

焼き肉用

牛バラ肉のオレンジ煮込み

本来は陳皮（みかんの皮を乾燥させたもの）が使われますが、ここでは身近なオレンジで作りました。
フレッシュなオレンジの風味と牛肉の組み合わせがまたおいしい。

（料理／菰田欣也）

材料（2人分）

牛バラ肉（焼き肉用。5mm厚さ）
　… 240g
オレンジ … 1/4個
水菜 … 1/2株
A
　酒（紹興酒または日本酒）
　　… 小さじ1
　醤油 … 小さじ1
B
　上白糖 … 大さじ1½
　醤油 … 小さじ2
　鶏ガラスープ … 200cc
　酢 … 大さじ1
　酒 … 大さじ1
　オイスターソース … 小さじ1/3

作り方

1. オレンジは皮と果肉に分け、皮は細く刻み、果肉は薄皮からくし形に切り出しておく。水菜は2～3cm幅に切り、水にさらす。
2. 牛肉に、Aで下味をつける。
3. 熱した中華鍋（または深めのフライパン）に少量のサラダ油（分量外）をひき（フライパンの場合は不要）、2の肉を入れ、両面をしっかり煎り焼く。
4. 3にBと1のオレンジの皮を入れ、ごく弱火で10分ほど煮込む。
5. 4の煮汁が少なくなってきたら強火にし、たれをしっかり絡ませる。
6. 器に1のオレンジの果肉を並べて5を盛り付け、水菜を添える。

ポイント

煮込み時間は目安。作る量や火加減により調整する。

牛カルビの黒こしょう炒め

黒こしょうがピリッときいています。
（料理／菰田欣也）

材料（2人分）
牛カルビ肉（焼き肉用）… 150g
パプリカ（赤・黄）… 各1/3個
長ネギ … 1/2本
生姜 … 小さめ1カケ
香菜 … 適量
A
　塩、コショウ … 各少量
　コーンスターチ … 適量
B
　黒粒コショウ（つぶす）… 20粒
　上白糖 … 小さじ1
　酒（紹興酒または日本酒）… 大さじ1
　醤油 … 小さじ1
　オイスターソース … 小さじ2

作り方
1. 牛肉を4cm長さ、5mm角の棒状に切ってAの塩、コショウで下味をつけ、コーンスターチをまぶしておく。
2. パプリカは4cm長さの細切りにし、長ネギと生姜は小口切りにし、香菜は手でちぎって水にさらしておく。
3. フライパンに1の肉を並べて火にかける。肉の表面に水分が出てきたら一度取り出し、取り出した後のフライパンにBの黒コショウ、2のネギ、生姜、パプリカを入れて炒める。
4. 野菜がしんなりしてきたら肉を戻し入れ、Bの残りの調味料を加えて味つけし、器に盛り、香菜を飾る。

ポイント
肉を棒状に切ることにより、火の通りが早くなる。また、サラダ菜などで包んで食べてもおいしく、楽しい。

牛ロース肉と焼きしいたけ 梅わさびおろし

牛肉は先に焼いて、和え衣を準備する間、しばらく休ませておきましょう。
（料理／吉岡英尋）

材料（1皿分）
牛ロース肉
　　（焼き肉用。5mm厚さ）… 70g
塩 … 適量
シイタケ … 2本
梅わさびおろし
　大根おにおろし … 20g
　梅肉 … 5g
　ワサビ（すりおろし）… 3g
　九条ネギ（小口切り）… 適量

作り方
1. 焼き網はよく焼いておく。
2. シイタケは石づきを切り落として網焼きにする。牛肉は両面に塩をふって網にのせ、両面をさっとあぶったら（脂が落ちて炎が立つので注意する）火からおろして休ませる。
3. 梅わさびおろしの材料を、よく混ぜ合わせる。
4. 2の牛肉とシイタケを食べやすく切り、3で和えて器に盛る。九条ネギを添える。

焼き肉用

牛カルビ肉と
ゴマだれカレー風味のつけ麺

牛カルビ丼

焼き肉用

カルトッチョ（紙包み焼き）

焼き肉用

牛カルビ肉とゴマだれカレー風味のつけ麺

冷たいきしめんとカレーの風味が、食欲をそそります。
（料理／吉岡英尋）

材料（1人分）
きしめん（乾麺）… 100g
牛カルビ肉（焼き肉用）… 40g
A
　カレー粉 … 小さじ1/3
　醤油 … 小さじ1
ゴマだれ（作りやすい量）
　練り白ゴマ … 大さじ3
　だし汁 … 300cc
　薄口醤油 … 大さじ2
　みりん … 大さじ2
薬味（それぞれ水に放って水気を切る）
　みょうが（せん切り）… 1個分
　大葉（せん切り）… 3枚分
煎り白ゴマ … 適量

作り方
1. 牛肉にAをよくもみ込んで、3〜4分間おいてから、火にかけた網であぶる。
2. ゴマだれを準備する。だし汁、薄口醤油、みりんを合わせて一度沸かして冷ます。冷めたら練りゴマの中に少しずつ加えて混ぜ合わせ、冷やしておく。
3. きしめんをゆでて、氷水に取って冷やし、薬味のみょうがと大葉と盛り合わせる。
4. 添えるゴマだれは1人120ccが目安。1の牛肉をたれの中に入れてカレー粉（分量外）と煎りゴマをふる。3を浸けながら食べる。

牛カルビ丼

ネギだれの酢で、脂がのったカルビをさっぱり食べましょう。
（料理／吉岡英尋）

材料（1人分）
牛カルビ肉（焼き肉用）… 70g
ネギだれ
　長ネギ（みじん切り）… 1/2本分
　醤油 … 大さじ2
　みりん … 大さじ2
　酢 … 大さじ2
　味噌 … 20g
　一味唐辛子 … 少量
　※すべてを混ぜ合わせる。
ゴマ油 … 小さじ1
ご飯 … 丼1杯
きざみ海苔、九条ネギ（小口切り）
　… 各適量

作り方
1. 牛肉をネギだれに漬ける。
2. ご飯を丼に盛り、きざみ海苔を一面に散らす。
3. フライパンを熱し、ゴマ油をひいて1の牛肉を焼く。片面はしっかりめに香ばしく焼いて裏返し、ネギだれを少量入れて沸かす。
4. 2のご飯の上に3の肉を並べ、3のネギだれをのせる。九条ネギを全面に広げてたっぷり盛る。

ポイント
カルビはカリッと焼き目をつけた側を上に向けて盛ると、香ばしい。

カルトッチョ （紙包み焼き）

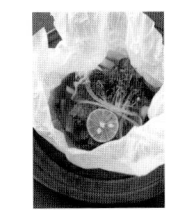

カルビの持ち味を生かし、おいしく食べるための調理法。
包まれた紙の中で、野菜から出た水分で蒸されて脂はほどよく落ち、
肉はふわっとやわらかく仕上がります。
また、下の野菜も脂をまとっておいしくなります。

（料理／有馬邦明）

材料（2人分）

牛カルビ肉（焼き肉用）… 100g
醤油（またはガルム）、粗糖（p.23参照）
　… 各少量
玉ネギ（薄切り）… 1/6個分
マイタケ … 50g
ドライトマト … 2個
ニンニク（薄切り）… 1/2カケ分
ケッパー（塩漬け）… 少量
ローズマリー … 少量
ブロード（鶏ガラスープ。p.116参照）
　… 30cc
白ワイン … 大さじ1
スダチの皮（すりおろし）… 少量
スプラウト、E.V.オリーブ油、コショウ、
　スダチ（薄切り）… 各適量

作り方

1. 牛肉は醤油と粗糖をまぶしておく。
2. クッキングペーパーの上に玉ネギ、ほぐしたマイタケ、ドライトマト、ニンニク、ケッパー、ローズマリー、1の牛肉を重ね（a。出た汁も）、ブロードと白ワインをかけ（b）、スダチの皮をふり、包んでひもで閉じる。
3. 火にかけたフライパンに2をのせ（c）、弱めの中火で加熱する。紙がふくらみ、上から蒸気が出てきたら蒸し上がり。クッキングペーパーを開き、E.V.オリーブ油をかけ、スプラウトをのせてコショウをふり、スダチを添える。

ポイント

- 肉は霜ふり状のもののほうがよい。
- 野菜を下に敷くことにより、肉が蒸し焼き状態になる。

焼き肉用

エスカベッシュ

牛肉とアボカドとライムのサラダ

焼き肉用

牛タンとごぼうのキンピラ

牛タンのグリル

焼き肉用

エスカベッシュ

加熱した材料を酢に漬けるのがエスカベッシュ。
(料理／有馬邦明)

材料（2人分）

牛モモ肉（焼き肉用）… 200g
A
　ニンニク … 1カケ
　生姜（薄切り）… 2枚
　赤唐辛子（輪切り）… 少量
　ワインヴィネガー … 大さじ2
　醤油 … 大さじ3
　ワイン（赤でも白でもよい）… 大さじ3
　みりん … 大さじ2
B
　パプリカ（赤・黄。輪切り）、みょうが
　　（縦半分に切る）、赤玉ネギ（薄切り）、
　　オクラ（斜め切り）… 各適量

作り方

1. Aを合わせて煮立て、アルコールを飛ばす。ボウルなどに移しておく。
2. 牛肉を、油をひかないフライパンに入れて温め（焼き色はつけない）、1に入れる。20〜30分漬けておく。
3. 2の肉とBの野菜を合わせて器に盛る。

牛肉とアボカドとライムのサラダ

熟したアボカドが、クリーム状になって肉に絡みます。
ライムの酸味が爽やか。サルサヴェルデは好みで加えなくてもけっこうです。
(料理／有馬邦明)

材料（2人分）

牛モモ肉（またはハラミ。焼き肉用）
　… 100g
アボカド（よく熟したもの）… 1個
ライム（皮と汁）… 1/4個分
マスタード … 大さじ1〜2
サルサヴェルデ（p.88参照。好みで）
　… 大さじ1
赤唐辛子 … 少量
ニンニク（薄切り）… 1〜2枚
赤玉ネギ（薄切りにして水にさらす）
　… 1/4個分
塩、コショウ … 各適量

作り方

1. 牛肉に軽く塩、コショウをし、フライパンで焼く。
2. アボカドは皮をむいて一口大に切り、ライムは汁を絞り、皮はすりおろす。
3. ボウルに2のアボカド、ライムの汁と皮を合わせ、マスタード、サルサヴェルデ（好みで）、ちぎった赤唐辛子、ニンニク、塩、コショウを加えて混ぜ、1の牛肉を入れて和える。
4. 3を器に盛り、赤玉ネギをのせ、ライムの皮（分量外）をおろしかけ、カットしたライムを添える（分量外）。

牛タンとごぼうのキンピラ

牛タンにゴボウとニンジンの歯応えをプラス。
歯応えが残るように炒めて一緒に食べてください。
（料理／吉岡英尋）

材料（2人分）

牛タン（タン元。薄切り）… 90g
塩 … 適量
ゴボウ … 4～5cm
ニンジン … 10g
ゴマ油 … 大さじ1
酒 … 大さじ2
醤油 … 大さじ2
砂糖 … 小さじ1
七味唐辛子 … 少量

作り方

1. ゴボウとニンジンは4～5cm長さに切って、太い棒状に切り揃える。
2. 牛タンに塩をふり、強火にかけた網で両面を香ばしくあぶる。
3. フライパンにゴマ油をひいて熱し、ニンジン、ゴボウを入れて歯応えが残るように強火で炒める。火が通ったら酒、醤油をまわし入れ、最後に砂糖を加えて味を絡める。
4. 2の牛タンと3のキンピラを彩りよく器に盛り合わせ、上から七味唐辛子をふる。

牛タンのグリル

シンプルなグリル。牛タンに火を入れすぎないのがポイントです。
（料理／有馬邦明）

材料（2人分）

牛タン … 150g
ガルム（ナンプラー、醤油などでもよい）、
　酒（梅酒やあんず酒など
　　甘みのあるものがよい）… 各少量
タイム（みじん切り）… 1枝分
ズッキーニ（輪切り）… 1本分
赤玉ネギ（薄切り）… 1/4個分
ライム（薄切り）… 少量
サルサヴェルデ（p.88参照）… 大さじ2
ワインヴィネガー … 少量
塩、粒コショウ … 各少量

作り方

1. 牛タンは、ガルムと酒でマリネしておく。
2. 1の牛タン、ズッキーニをグリルで焼き、仕上がりに軽く塩とタイムをふる。
3. 2を器に盛り合わせ、ワインヴィネガーを加えたサルサヴェルデをかけ、赤玉ネギとライムをのせ、コショウを挽きかける。

ポイント

- マリネすることにより、牛タンが固くなるのを防ぐ。
- 牛タンを焼くときは、表面のみ焼き目をつけ、あとは余熱で火を入れる。ズッキーニと牛タンが同じくらいの固さに仕上がるのが理想。
- サルサヴェルデは木の芽のもの（p.38参照）でもよい。

ステーキ用

ステーキに適した厚みと大きさにカットされた肉。
霜ふりが特徴のサーロインやリブロース、やわらかい赤身が特徴の
ランプ肉やヒレ肉が、よくステーキ用として売られています。
上手に焼いて、牛肉のおいしさをしっかり味わいましょう。

牛バラ肉の角煮と男爵の肉じゃが

サイコロステーキ用の肉で作る、ごちそう肉じゃが。
フライパンひとつで作れます。
（料理／吉岡英尋）

材料（2人分）

牛バラ肉（サイコロステーキ用）
　… 150g
塩、黒コショウ、牛脂 … 各適量
玉ネギ（半月切り）… 1/2個分
ニンジン（輪切り）… 1/4本分
ジャガイモ（男爵。4等分に切る）
　… 1個分
割下
　｜だし汁 … 180cc
　｜みりん … 大さじ2
　｜醤油 … 大さじ2
　｜砂糖 … 大さじ1
スナップエンドウ … 6本

作り方

1. 牛肉に塩、黒コショウをふる（a）。スナップエンドウはスジをむいて熱湯でゆで、冷水に取る。
2. 熱したフライパンに牛脂を入れて溶かし、1の牛肉を入れる（b）。
3. 同じフライパンに玉ネギ、ニンジン、ジャガイモを入れて中火で炒める。肉は途中で裏返しながら全面に焼き色をつける（c）。
4. 肉に焼き色がついたら割下を注ぎ、落とし蓋をして野菜に火が入るまで煮る。ときおりジャガイモを裏返しながら均等に火を入れる（d）。
5. 最後にスナップエンドウを入れて温め、器に盛る。

ステーキ用

牛ももステーキと蒸しなす 生姜あんかけ

あんかけステーキです。あんの生姜は最後に入れて香りを立たせます。
（料理／吉岡英尋）

材料（1人分）

牛モモ肉（ステーキ用）… 70g
塩、牛脂 … 各適量
ナス … 1個
スナップエンドウ … 3本

生姜あん
  だし汁 … 90cc
  みりん … 大さじ1
  醤油 … 小さじ1
  水溶き片栗粉 … 適量
  生姜（せん切り）… 適量

作り方

1. ナスはヘタと花付きを切り落として、皮をむく。縦半分に切って、湯気が立った蒸し器で蒸す。スナップエンドウはスジをむいて熱湯でゆで、冷水に取る。
2. 牛肉に塩をふって一口大に切る。熱したフライパンに牛脂を入れて溶かし、牛肉を入れる。焼き色がついたら裏返す。
3. 生姜あんを用意する。だし汁、みりん、醤油を合わせて火にかける。沸いたら1のスナップエンドウを入れ、水溶き片栗粉でとろみをつける。
4. 2の牛肉と1のナス、3のスナップエンドウを盛り合わせる。あんを再加熱し、生姜を加えて、上からかける。

牛サーロインのピリ辛甘酢炒め

肉に下味をつけ、コーンスターチをまぶして炒めるので、
味がしっかり絡みます。

（料理／蓋田欣也）

材料（2人分）

牛サーロイン肉（ステーキ用）… 160g
ヤングコーン … 2本
スナップエンドウ … 2本
エリンギ … 1本
ズッキーニ（緑・黄）… 各1/3本
プチトマト … 2個
長ネギ（小口切り）… 1/3本分
生姜（小口切り）… 1カケ分

A
塩、コショウ … 各少量
コーンスターチ … 適量

B
上白糖 … 小さじ2
酒（紹興酒または日本酒）
　… 小さじ2
酢 … 小さじ2
醤油 … 小さじ2½
鶏ガラスープ … 小さじ2
酒醸（チューニャン。なくてもよい）
　… 小さじ1
コショウ … 少量
片栗粉 … 小さじ1

ラー油 … 小さじ1
揚げ油（野菜の素揚げ用）… 適量

ポイント

ラー油は仕上げではなく炒めるときに入れ、そこに合わせ調味料を加えることで乳化して、まろやかな辛みになる。

作り方

1. 牛肉は3cm角に切り、Aの塩、コショウで下味をつけ、コーンスターチをまぶしておく。
2. ボウルにBを合わせておく。
3. ヤングコーン、スナップエンドウ、エリンギ、ズッキーニはそれぞれ一口大に切る。これらとプチトマトを素揚げし、器に盛り付けておく。
4. 中華鍋（または深めのフライパン）にラー油をひいて1の肉を入れて炒める。適度に火が通ったら長ネギと生姜を入れ、更に2の合わせ調味料を加える。片栗粉に火が通って全体に味が絡んだら、3の器に盛り付ける。

ステーキ用

牛ランプ肉のレタス蒸し

赤身肉を、レタスに包んでさっと蒸します。ソースは味噌＋ワインヴィネガー。
（料理／有馬邦明）

材料（2人分）

牛ランプ肉（ステーキ用）… 150g
ニンニク（薄切り）… 少量
レタス … 4～5枚
生ハム … 4～5枚
タイム … 1本
塩、岩塩、粒黒コショウ … 各少量
青柚子の皮 … 少量
A
| 味噌 … 大さじ1
| ワインヴィネガー … 小さじ1

作り方

1. 牛肉は3cm幅10cm長さ、1.5cm厚さほどに切る。
2. 1の肉にニンニクをのせ、塩、タイム、つぶした粒黒コショウをふり、生ハムを巻きつける。青柚子の皮をのせ、レタスで巻いて包む（ab）。
3. 蒸気の立った蒸し器に入れて、3分ほど蒸す。
4. 食べやすく切り分けて器に盛り、つぶした岩塩と粒黒コショウ、すった青柚子の皮を合わせてのせ、混ぜ合わせたAを添える。

ポイント

- 肉は脂の多くないものがよい。
- チーズ（パルミジャーノ、モッツァレッラなど）を入れてもおいしい。
- 温かいうちに提供したほうが、レタスの色がきれい。

タリアータ ポテトサラダ添え

ステーキ肉の表面をこんがり焼いてから、薄切りにします。
（料理／有馬邦明）

材料（2人分）

牛サーロイン肉またはモモ肉
　　（ステーキ用）… 300g
ジャガイモ … 2個
玉ネギ（薄切り）… 1/2個分
A
　醤油、みりん、酒、水 … 各大さじ1
シブレット（みじん切り）… 少量
砂糖、塩、コショウ … 各少量
バルサミコ酢、青柚子の皮 … 各適量

ポイント

牛肉に砂糖を少量まぶしておくと、きれいな焼き色がつく。

作り方

1. Aを鍋に合わせ、火にかけてアルコールを飛ばし、玉ネギを入れて煮る。
2. ジャガイモは皮付きのまま、水から入れてやわらかくゆで、皮をむいて適宜に切る。湯をあけた鍋に戻し、火にかけて水分を飛ばして粉吹きいもにする。つぶして1とシブレットを混ぜ合わせる。
3. 牛肉の表面に砂糖を少量ふり、塩、コショウをし、強火にかけたフライパンに入れて表面を焼いた後、弱火に落として中心まで温める。アルミ箔に包んで休ませておく（2分焼き、5分休ませる）。
4. 2を丸く器に盛り、3の牛肉を薄いそぎ切りにして塩、コショウをして上にのせ、バルサミコ酢をかける。青柚子の皮をすって散らす。

ステーキ用

牛ヒレ肉と桃のソテー

牛肉とフルーツは相性がいい。
フルーツの甘みが肉とよく合って、
やわらかくなる効果も。
桃に限らず、リンゴやナシなどでも
おいしく作れます。
(料理／有馬邦明)

材料（2人分）

牛ヒレ肉（ステーキ用）… 100g
桃 … 1/2個
玉ネギ … 1/2個
ニンニク … 1/2カケ
ローズマリー … 1枝
ガルム（ナンプラーや醤油でもよい）
　… 大さじ1
ブロード（鶏ガラスープ。p.116参照。
　または水など）… 少量
サラダ油、バター、粒コショウ
　… 各少量

作り方

1. 牛ヒレ肉は1.5cm厚さに切る。桃は皮をむいてくし形に切る。玉ネギとニンニクは薄切りにする。
2. ボウルに1を合わせ、ローズマリーとガルムを加えて和え、30分ほど漬けておく(a)。
3. 熱したフライパンにサラダ油を少量ひき、2を入れて炒める。焼き色がついてきたら水分（漬け汁。足りない場合はブロード、水など）を少量加えて炒め合わせ(b)、仕上がりにバターを加える。
4. 器に盛り、刻んだ粒コショウを散らす。

牛ヒレステーキ 長芋あんかけ

やわらかくてさっぱりしたヒレ肉に、
サクサクした軽い歯応えの長イモがよく合います。
(料理／吉岡英尋)

材料 (1人分)

牛ヒレ肉 (ステーキ用) … 100g
醤油、牛脂 … 各適量
長イモ … 50g
塩昆布 (ざく切り) … 10g
ワサビ (すりおろし) … 少量

作り方

1. 長イモの皮をむき、包丁のみねで粗くたたいて塩昆布を混ぜる。
2. 牛ヒレ肉に醤油を絡ませる。
3. 熱したフライパンに牛脂を入れて溶かし、2の牛肉を入れる。最初は強火で、肉の表面が温まったら中火に落とす。
4. 焼き色がついたら裏返す。好みの焼き加減に焼いて取り出し、少し休ませる。
5. 食べやすく切り分けて器に盛り、1を肉にのせる。おろしワサビを添える。

ステーキ用

サーロインステーキのおろし麻辣ソースがけ

ステーキ用

牛ヒレステーキ 葱姜ソースのヒスイ仕立て

ステーキ用

サーロインステーキの おろし麻辣ソースがけ

ピリッと辛い大根おろしベースのソースが、脂の多いサーロインによく合います。
(料理／菰田欣也)

材料（1人分）

牛サーロイン肉（ステーキ用）… 150g
A
| 塩、コショウ … 各少量
B
| 上白糖 … 大さじ1/2
| 酢 … 大さじ2
| 醤油 … 大さじ1
| 大根おろし … 大さじ3
| ラー油 … 大さじ1/2
| 花椒粉（花椒〈ホワジャオ。中国山椒〉
| をミキサーで粉にしたもの）… 少量

付け合わせ野菜
| ニンジン、キュウリ、ラディッシュなど
| 彩りよく（薄い輪切り）… 適量

作り方

1. 牛サーロイン肉は、塊のままAで下味をつけておく。
2. ボウルにBを合わせてソースを作る。
3. ステーキ用の鉄板（または中華鍋やフライパンでもよい）で、1の肉の両面をしっかりと焼く。
4. 3の肉を適宜に切り分けて器に盛り、好みで一味唐辛子（分量外）をかける。2のソースと付け合わせの野菜を添える。

牛ヒレステーキ
葱姜ソースのヒスイ仕立て

万能ネギと生姜で作るペーストに、緑の豆を合わせた
美しいソースを作りました。ヒレ肉のステーキが新鮮な味わいに。
（料理／菰田欣也）

材料（1人分）

牛ヒレ肉（ステーキ用）… 150g
枝豆 … 30g（むき実）
グリーンピース … 30g（むき実）
スナップエンドウ … 5本
万能ネギ（青い部分）… 1/2束分
生姜 … 1カケ
A
| 塩、コショウ … 各少量
B
| オリーブ油 … 70cc
| 塩 … 少量
C
| 鶏ガラスープ … 大さじ1
| 酒（紹興酒または日本酒）… 大さじ1
| 上白糖 … 小さじ1/3
| 塩 … 少量
| 片栗粉 … 小さじ1/3
揚げ油（豆類の油通し用）… 適量

作り方

1. 牛ヒレ肉は、塊のままAで下味をつけておく。
2. 枝豆、グリーンピースはさやから実を取り出し、固めにゆでる。スナップエンドウは半分に切る。
3. 万能ネギは、青い部分だけを細かく切り、生姜は皮をむいて細かく切り、合わせてミキサーに入れ、Bを加えてかくはんし、ペースト状にする。
4. 中華鍋（またはフライパン）で、1の肉の両面をしっかり焼く。食べやすく切り分け、器に盛る。
5. ボウルにCを合わせ、3のペーストを大さじ2加えて混ぜる。
6. 2の枝豆、グリーンピース、スナップエンドウを熱した油にさっと通して油を切り、鍋に入れた5のペーストに加え、ひと煮立ちさせてとろみをつけ、4の肉に添える。

ポイント

3のペーストは、少量の塩を加えることで3、4日は冷蔵保存が可能。

ステーキ用

サーロインステーキ
舞茸とじゃがいも添え

牛肩ロースステーキ
浅漬の和風カルパッチョ風

a

ローストしないローストビーフ

塊肉

煮込み用としてやや大きめにカットされたもの。カレー用などとして、
サイコロ状にカットされたもの。ローストビーフ用の大きな塊肉などがあります。
煮込みに適しているのはモモ肉、スネ肉、ホホ肉など、
じっくりと煮込んでおいしい部位です。
ローストビーフを赤身肉で作るか、適度な脂肪を含む部位で作るかは
お好みで選ぶといいでしょう。

※テールは煮込みに使われることが多いため、この項に入れました。

サーロインステーキ 舞茸とじゃがいも添え

ジャガイモはゆでて粗くつぶし、マイタケを混ぜてディップ風に。
（料理／吉岡英尋）

材料（1人分）

牛サーロイン肉（ステーキ用）… 100g
塩、黒コショウ、牛脂 … 各適量
マイタケ（半分は粗みじん切りに、
　半分は裂く）… 100g
ジャガイモ（大）… 1/2個
バター … 15g
醤油 … 大さじ2
酒 … 大さじ1
クレソン … 適量

作り方

1. ジャガイモは丸ごとゆでて半分に切り、皮をむいて手でつぶす。塩、コショウで薄味をつける。
2. フライパンにバターを入れて熱し、マイタケを炒める。火が入ったら醤油と酒を加えて味をつける。裂いたマイタケは別にしておく。粗みじんのマイタケは、1に加えて混ぜる。
3. 牛肉に塩、黒コショウをふる。熱したフライパンに牛脂を入れて溶かし、牛肉を入れる。焼き色がついたら裏返し、好みの焼き加減で取り出し、休ませる。
4. 器に2のマイタケ入りのジャガイモを盛り、食べやすく切り分けた3の肉を盛る。裂いたマイタケとクレソンを盛り合わせる。

牛肩ロースステーキ 浅漬の和風カルパッチョ風

ステーキを野菜と一緒に食べる提案。甘酸っぱい浅漬野菜でさっぱりと。
（料理／吉岡英尋）

材料（1人分）

牛肩ロース肉（ステーキ用）… 100g
塩、黒コショウ、牛脂 … 各適量
カブ（あられ切り）… 1/2個分
キュウリ（あられ切り）… 1/3本分
みょうが（あられ切り）… 1個分
塩 … 少量

甘酢
　酢 … 大さじ1
　水 … 大さじ2
　砂糖 … 小さじ1

スダチ（輪切り）、大葉 … 各適量

作り方

1. カブ、キュウリ、みょうがに塩を少量ふって混ぜ、約5分おいて水分を出す。
2. 甘酢の材料を合わせ、水気を切った1の野菜を加えて混ぜ合わせる（a）。
3. 牛肉に塩、黒コショウをふる。
4. 熱したフライパンに牛脂を入れて溶かし、3の肉を入れる。焼き色がついたら裏返し、好みの焼き加減で取り出し、しばらく休ませる。
5. 4の肉を食べやすく切り分けて器に盛り、スダチと大葉をあしらい、2の野菜を肉の上にのせる。挽きたての黒コショウをふる。

ローストしないローストビーフ

オーブンは使わずに、ラップで包んでゆでて作ります。
しっとりとやわらかい仕上がり。

(料理／有馬邦明)

材料（作りやすい量）

牛モモ肉（ローストビーフ用塊肉）
　…600g
A
│粗糖（p.23参照）、塩 … 各適量
ニンニク（薄切り）… 1カケ分
ローズマリー … 1枝分
ローリエ … 1枚

ポイント

- はじめに肉に焼き色をつけておくのがポイント。ゆでたものを、もう一度フライパンで表面だけ焼いてもよい。
- ゆでるときの温度が重要。80℃以上にはしないこと。肉が固くなってしまう。温度計を入れておくとよい。
- アメリカンビーフなどの赤身肉を使うと、仕上がりがもっと赤くなる。
- ゆでているときに中に水が入らないように、ラップは三重にする。

作り方

1. 牛肉はAで下味をつけ、熱したフライパンで表面だけ焼き色をつける（中は生）。
2. ラップフィルムを広げて1の肉をのせ、ローリエ、ローズマリーの葉、ニンニクをのせて包む（ab）。更にラップフィルムで二重に包み、ひもをかける（c）。
3. 鍋に水を入れて火にかけ、2を入れる。75℃になってから40分〜1時間ゆっくりとゆでる（d。温度は75℃をキープ）。
4. 3の肉を湯から引き出し、そのまま冷ましておく。冷めてから食べやすく切る。

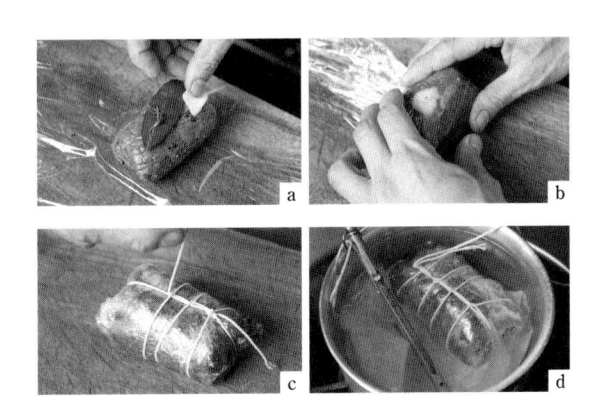

塊肉

和風ローストビーフ

牛もも肉の四川香り炒め

塊肉

牛肉とピーマンの細切り炒め

和風ローストビーフ

表面を焼いてアルミ箔で包み、温かいフライパンの上で休ませるだけ。
(料理／吉岡英尋)

材料 (2人分)

牛モモ肉 (塊) … 150g
サラダ油 … 小さじ1
A
　醤油、酒、酢 … 各大さじ1
　レンコン (あられ切り) … 30g
　ニンジン (あられ切り) … 10g
　カブ (あられ切り) … 1/2個分
B
　粒マスタード … 30g
　醤油 … 小さじ1/3
　一味唐辛子 … 少量

作り方

1. 熱したフライパンにサラダ油をひき、牛肉を入れて表面をしっかり焼く。
2. Aを合わせて1のフライパンにまわし入れ、表面に絡める。このまま煮汁を煮詰める。
3. 2の肉をアルミ箔で包み、火を止めた温かいフライパンの上にのせて30分おき、余熱で火を入れる。
4. レンコン、ニンジン、カブは歯応えが残るようサッとゆでて水気を切り、ボウルに入れ、Bを加えて混ぜる。
5. 3のアルミ箔をはずし、牛肉を薄切りにして器に盛り、4をのせる。

牛もも肉の四川香り炒め

モモ肉の、しっかりした歯応えを楽しむ料理です。
(料理／菰田欣也)

材料 (2人分)

牛モモ肉 (塊) … 150g
ニンジン (皮をむく) … 1/4本
大根 (皮をむく) … 5cm角
セロリ … 1本
ラー油 … 小さじ1
A
　醤油 … 小さじ1
　酒 (紹興酒または日本酒) … 小さじ1
B
　豆板醤 … 小さじ1
　酒 … 小さじ2
　醤油 … 小さじ1/2
　甜麺醤 … 大さじ1
　コショウ … 少量

作り方

1. 牛肉を1cm角に切り、Aをまぶしておく。
2. ニンジン、大根、セロリ (茎の部分) も、牛肉と同様の角切りにする (ニンジンは少し小さめに切る)。
3. 中華鍋 (または深めのフライパン) にラー油を入れ、1の肉を入れて炒める。表面に火が通ったらニンジンを入れて1分ほど炒め、大根とセロリを入れ、Bを加えて更に炒める。全体に味が馴染んだら、器に盛る。セロリの葉を添える。

ポイント

ニンジンは火が通りにくく、また、炒めても縮みにくいので、少し小さめに切る。

牛肉とピーマンの細切り炒め

お馴染みの「チンジャオロースー」です。
塊肉を切って作ったほうが、だんぜんおいしい。

(料理／菰田欣也)

材料（2人分）

牛モモ肉（塊）… 90g
ピーマン（実の薄いタイプ）
　… 4個（120g）
長ネギ（太め）… 5cm分
A
　塩、コショウ … 各少量
　醤油 … 小さじ1/5
　溶き卵 … 大さじ2
　酒（紹興酒または日本酒）… 大さじ1
　片栗粉 … 大さじ1⅓
B
　上白糖 … 小さじ2
　酒 … 大さじ1
　醤油 … 小さじ2
　オイスターソース … 小さじ1/3
　鶏ガラスープ … 大さじ1
　片栗粉 … 小さじ1/2
　コショウ … 少量
揚げ油（サラダ油）… 300cc

作り方

1. 牛肉は長さ10cmほどの細切りにし、Aを加えてもみ、下味をつけておく。
2. ピーマンは縦半分に切って種を取り除き、横に細切りにする。長ネギはみじん切りにする。
3. Bはボウルに合わせておく。
4. 中華鍋（または深めのフライパン）に揚げ油を入れて熱し、150℃ほどになったら1の肉を入れ、箸でよくほぐす。続けて2のピーマンを加え、素早くザルにあけて油を切る。
5. 油を切った4の鍋に、2のネギを入れて弱火で炒め、香りが出てきたら4の肉とピーマンを戻し入れ、更に3を加えて手早く材料に絡ませ、器に盛る。

ポイント

- 材料が細切りなので、火の通しすぎには注意。水分が飛んでやせて見える。
- ピーマンは横に切ることにより、盛り付けるときにまとまりやすくなる。

塊肉

牛もも肉と大根、にんじんの豆板醤煮込み

塊肉

牛ほほ肉の煮つけ

牛ほほ肉の辛味噌炒め

塊肉

牛もも肉と大根、にんじんの豆板醤煮込み

肉をしっかりかみ締めて、旨みを味わう煮込みです。
（料理／蒔田欣也）

材料（2人分）

牛モモ肉（塊）… 150g
ニンジン … 1/4本
大根 … 1/6本
キヌサヤ … 4枚
ニンニク（皮をむく）… 2カケ
A
| 醤油 … 小さじ1
B
| 豆板醤 … 大さじ1 1/2
| 鶏ガラスープ … 500cc
| 酒（紹興酒または日本酒）… 大さじ1
C
| 上白糖 … 小さじ1
| 醤油 … 小さじ1/2
| 黒酢 … 大さじ2
| 水溶き片栗粉 … 小さじ1

作り方

1. 牛肉を一口大の塊に切り、Aをまぶしておく。
2. ニンジンと大根は皮をむいて飾り切りにし、1cm厚さに切る。これらとキヌサヤを合わせて下ゆでし、氷水に取って冷やしておく。
3. 中華鍋（または深めのフライパン）にサラダ油大さじ1（分量外）をひき、1の肉を入れて炒める。ある程度火が通ったらBとニンニクを入れて、30分ほど煮込む。
4. 3にCと2の野菜を加え、とろみがついたら器に盛る。

ポイント

辛みのある煮込みには、黒酢などの酸味を加えることで、コクのある味わいになる。

牛ほほ肉の煮つけ

甘じょっぱい味つけが、牛ホホ肉によく合います。
（料理／金順子）

材料（3、4人分）

牛ホホ肉（塊）
　… 200g（下ゆでしたもの※）
※下ゆでの仕方はp.92の「スユッ」の作り方1、2と同じ。
大根（2〜3cm厚さの半月切り）
　… 2個
ニンジン（2〜3cm厚さの半月切り）
　… 2個
長ネギ（3cm長さ）… 2切れ
A
　ニンニク（すりおろし）… 大さじ1
　砂糖 … 大さじ1
　醤油たれ（p.50参照）… 大さじ3
　みりん … 大さじ2
　ゴマ油 … 大さじ1
　すり白ゴマ … 少量
　黒コショウ … 少量
　酒 … 大さじ1

作り方

1. 下ゆでした牛肉を2〜3cm角に切り、大根、ニンジン、長ネギとともに鍋に入れ、Aを加えて火にかけ、蓋をして中火で煮る。ときどき混ぜながら煮て、煮汁が1/3ほどまでになったら蓋を取り、全体に絡めて仕上げる。

牛ほほ肉の辛味噌炒め

牛ホホ肉は下ゆでさえしておけば、炒め物にもすぐ使えます。
（料理／金順子）

材料（3、4人分）

牛ホホ肉（塊）
　… 200g（下ゆでしたもの※）
※下ゆでの仕方はp.92の「スユッ」の作り方1、2と同じ。
玉ネギ（5mm幅の薄切り）… 1/2個分
A
　コチュジャン … 大さじ2
　みりん … 大さじ1
　酒 … 大さじ1
　粗挽き粉唐辛子 … 少量
　黒コショウ … 少量
　ニンニク（すりおろし）… 大さじ1
　砂糖 … 大さじ1
　ゴマ油 … 大さじ1

作り方

1. 下ゆでした牛肉を8mm厚さに切り、Aとともに鍋に入れ、中火で炒める。
2. 味が馴染んだら玉ネギを加えて更に炒め、火が通ればでき上がり。

塊肉

ボリート 大根添え

ボリートは、塊肉と野菜を一緒に煮込む料理。牛テールは牛の尾の部分。
コラーゲンがたっぷりで、煮込むとおいしいスープが取れる部位です。
骨離れもよく、肉の食感も楽しめます。なければ煮込み用の塊肉を使ってください。

（料理／有馬邦明）

材料（2人分）

牛テール（またはスネ肉、カレー用、
　シチュー用の塊肉でも可）… 2カット
大根（皮をむいて角切り）… 1/4本分
プチトマト … 2個
A
　ミルポワ（ニンジン、玉ネギ、セロリ。
　　各乱切り）… 各適量
　白ワイン … 200cc
　水 … 200〜400cc
塩 … 適量

作り方

1. 牛テールと大根を鍋に入れ、Aを加えてゆっくりと炊く。1時間〜1時間半炊いてテールがやわらかくなったら塩を加え、プチトマトを加えてゆっくりと、更に30分ほど炊く。サルサヴェルデ（下記参照）を添えるとよい。

ポイント

・テールの外側の大きい脂は外して調理したほうが、さっぱりと仕上がる。
・スープにテールの味と脂を出し、それを大根に吸わせるイメージで。

サルサヴェルデ

イタリアンパセリ100g、ニンニク1/4カケ、アンチョビ1枚、松の実小さじ1、オリーブ油適量を合わせてすり鉢ですりつぶし、ワインヴィネガー小さじ1〜1½を加えてすり混ぜる。
※油をつなげるなら、パン粉を加えるとよい。

塊肉

ボリートのテリーヌのサラダ

ボリートが余ったら、型に詰めてテリーヌに。
切り分けてそのままおつまみにもなり、料理にも使えて便利。
(料理／有馬邦明)

材料（2人分）

ボリートのテリーヌ（下記参照※）
　… 適量
ルコラ、ゆで卵の黄身 … 各適量

※ボリートのテリーヌ：前頁のようにして作ったボリート（ここでは牛スネ肉にゴボウと凍み大根を加えて炊いたものを使用。テールを使った場合は骨をはずす）に少量の塩、コショウ、ゼラチンを加え、テリーヌ型に詰め、重石をして冷蔵庫に一晩おいて作る。

作り方

1. ボリートのテリーヌ（a）を一口大の角切りにし、ルコラとともに器に盛り、裏漉したゆで卵の黄身を散らす。

ボリートのテリーヌとビーツのリゾット

余ったボリートで作ったテリーヌを利用したリゾット。
もちろんゆで牛肉を使ってもけっこうです。イタリアではラデッキオ（赤チコリ）で
作る赤いリゾットですが、ここでは通年手に入りやすいビーツを使いました。
甘みが肉とよく合い、色もきれいに出ます。

（料理／有馬邦明）

材料（2人分）

米 … 1.5合
ブロード（鶏ガラスープ。p.116参照）
　… 8〜10カップ
ボリートのテリーヌ（p.89参照。
　またはゆで牛肉）… 50g
ビーツ … 50g
バター … 大さじ1
オリーブ油 … 小さじ1
白ワイン … 大さじ2
イタリアンパセリ（粗みじん切り）
　… 適量

作り方

1. ボリートのテリーヌは2cm角に、ビーツは皮をむき、1cm角に切る。
2. 鍋にバターとオリーブ油を合わせて火にかけ、米を洗わずに入れて炒める。米が透き通ってきたら白ワインを入れてアルコールを飛ばし、1のテリーヌとビーツを加える（a）。ブロードを数回に分けて加えながら30〜40分かけてゆっくりと煮ていく。
3. 器に盛り、イタリアンパセリをふる。好みですりおろしたパルミジャーノ・レッジャーノ・チーズ（分量外）をかけてもよい。

ポイント

- ブロードは、牛スネ肉をゆでた汁などを利用してもよい。
- ブロードを加えたら、少し混ぜてそのまま放置する。混ぜすぎると米がブロードを吸う前に蒸発してしまう。
- 好みで仕上げにバター、生クリーム、チーズなどを加えるとコクが出る。

牛すね肉の和風赤ワイン煮込み

じっくりコトコト5〜6時間。やわらかくてしつこくない、食べやすい赤ワイン煮込み。

（料理／吉岡英尋）

材料（2人分）

牛スネ肉（塊）… 100g×4切れ
塩、サラダ油 … 各適量
酒 … 適量
玉ネギ（半割り）… 1個分
ニンジン（大きい乱切り）… 1本分
A
　赤ワイン … 100cc
　醤油 … 大さじ2
水溶き片栗粉 … 適量
クレソン … 適量

作り方

1. 牛肉に塩をふる。熱したフライパンにサラダ油をひいて牛肉を入れ、全体にこんがり焼き色をつける。表面が焼けたら火を弱めてゆっくり火を通す。
2. 深鍋にたっぷりの水を注ぎ、水の1割量の酒を加え、1の牛肉、玉ネギ、ニンジンを入れて火にかける。
3. コトコトと沸くくらいの火加減で、ときおりアクを取り除きながら5〜6時間煮る。水が足りなくなったら適宜足す。
4. 3の煮汁500ccを別鍋に取り分け、Aを加え、3の肉を入れて弱火で30分ほど煮る。水溶き片栗粉でゆるいとろみをつけて器に盛り、クレソンをたっぷり添える。

塊肉

スユッ （ゆで牛肉のキャベツ包み 辛味噌添え）

香味野菜とともにゆでたヒレ肉は、やわらかくて旨みがあり、
それだけでもおいしいものです。
キャベツに包んでたれを添えれば、サラダ感覚で食べられます。

(料理／金順子)

材料（作りやすい量）

和牛ヒレ肉（塊）… 900g（450g×2）
ローリエ … 3枚
A
　セロリ … 2本
　長ネギ（青い部分）… 2本分
　玉ネギ（1/4のくし形切り）
　　… 1/2個分
　ニンニク … 5～6カケ
　生姜（薄切り）… 2～3枚
酒 … 適量
キャベツ（くし形切り）… 1/6個分
酢醤油たれ … 適量
　（醤油2：みりん1：酢1で合わせ、
　すりゴマと粗挽き粉唐辛子
　各少量を加える）
コチュジャン … 適量

作り方

1. 鍋に牛肉を入れ、水をひたひたに入れてローリエを加え、火にかける（ab）。煮立ったらザルにあけ、肉と鍋を水で軽く洗う。
2. Aを鍋に敷き、1の肉を入れ（c）、水と酒を1：1の割合でひたひたに注ぎ、蓋をして火にかける。1時間ほど煮て、肉に箸を刺してみて血が出なくなっていたら火を止める（d）。ザルに取り、粗熱を取る。
3. キャベツはラップフィルムに包み、700wの電子レンジで3分加熱する。
4. 2の肉を1cmほどの厚さに切り、3のキャベツとともに器に盛り、酢醤油たれとコチュジャンを添える。肉にコチュジャンを塗ってキャベツに包み、酢醤油たれをつけて食べる。

塊肉

塊肉

チャンチョリム

(牛すね肉の佃煮風)

スネ肉で作る保存食です。
酒の肴にぴったり。
冷めてもおいしいので、韓国では
よくお弁当のおかずにも使われます。
(料理／金順子)

材料 (作りやすい量)

牛スネ肉 (塊) … 250g
ローリエ … 3枚
A
　セロリ … 2本
　長ネギ (青い部分) … 2本分
　玉ネギ (1/4のくし形切り) … 1/2個分
　ニンニク … 5〜6カケ
　生姜 (薄切り) … 2〜3枚
酒 … 適量
B
　ニンニク (すりおろし) … 大さじ1
　醤油たれ (p.50参照) … 大さじ4
　みりん … 大さじ1
　ゴマ油 … 大さじ1
　黒コショウ … 少量
　砂糖 … 小さじ1

作り方

1. 鍋に牛肉を入れ、水をひたひたに入れてローリエを加え、火にかける。煮立ったらザルにあけ、肉と鍋を水で軽く洗う。
2. Aを鍋に敷き、1の肉を入れ、水と酒を1:1の割合でひたひたに注ぎ、蓋をして火にかける。1時間ほど煮て、肉に箸を刺してみて血が出なくなっていたら火を止める。ザルに取り、粗熱を取る。
3. 2の肉が冷めたら、繊維に沿って手で裂くようにちぎる(a)。
4. 鍋に3の肉とBを合わせて入れ、火にかける(b)。全体を混ぜ合わせ、汁気がある程度なくなるまで蓋をして煮る(ときどきかき混ぜる。c)。

牛バラ肉のはちみつオーブン焼き 紹興酒風味

脂の多いバラ肉には、甘い味つけがよく合います。
ハチミツと紹興酒の組み合わせは、まさにぴったり。
(料理/菰田欣也)

材料（2人分）

牛バラ肉（塊）… 200g
水菜 … 5本
香菜 … 5本
ハスイモ … 1/2本

A
　オイスターソース … 20g
　紹興酒 … 30g
　醤油 … 15g
　豆豉（トウチ）… 20g
　上白糖 … 15g
　ハチミツ … 55g

B
　ハチミツ … 大さじ1
　紹興酒 … 大さじ1

ポイント

仕上げに塗るハチミツに加える酒は、紹興酒に限らずブランデーやオレンジのリキュールなどで代用できる。

作り方

1. 牛バラ肉は一口大に切り、合わせたAに一晩漬け込んでおく。
2. 水菜、香菜、ハスイモは3cm長さに切り（ハスイモは太ければ更に薄切りに）、合わせて水にさらしておく。
3. 1の肉をオーブン用の鉄板に並べ、180℃のオーブンで8〜10分焼いて一度取り出し、Bを合わせたものをハケなどで肉に塗り、再びオーブンに入れて180℃で2分焼き上げる。
4. 器に水気を切った2のサラダを盛り、3の肉を盛り付ける。

挽き肉

筋が多く固いネックなどが、挽き肉に加工されます。
豚挽き肉に比べると、旨みはややあっさりとしています。
脂身が少ない場合は、火を入れると固くなりやすいので、
それを補うように調理するといいでしょう。

ポルペッティ （ハンバーグ）

シンプルなハンバーグ。上手に焼けば、それだけでおいしい！最初に強火で表面を焼き固め、途中で水分を加えてアルミ箔をかぶせて焼くと、中がふわふわに仕上がります。
（料理／有馬邦明）

材料（2人分）

A
| 牛挽き肉 … 300g
| ソフリット（p.112参照）… 大さじ2
| 卵 … 1個
| パン … 少量
| 牛乳 … 少量
| 味噌 … 小さじ1
| ナツメグ（粉）… 少量
| 塩、コショウ … 各少量
水分（ブロード、白ワイン、水など）
　… 適量
レタス（他の野菜でもよい）… 少量

ポイント

・成形後、できれば冷蔵庫で少し冷やしたほうがよい。手の熱で溶けた脂を落ち着かせるため。
・アルミ箔は密閉してしまうと蒸し焼きになってしまうので、少し隙間を開けておく。
・オーブンで焼く場合は、表面を焼き固めた後、オーブンに入れる。
・最初から弱火で焼くと、旨みが全部外に流れ出てしまうので注意。

作り方

1．Aをボウルに合わせてよく練る。
2．1のたねを2つに分けて丸め、両手の平でキャッチボールをするように行き来させながら空気を抜いた後（a）、小判形に整える。
3．フライパンを強火にかけ2を入れて焼く（b）。表面にこんがりと焼き色がついたら裏返し（c）、火を弱め、フライ返しでときどきおさえながらしっかりと焼く（d）。
4．表面が焼け、固くなりそうになったらまわりに水分（ブロード、白ワインなど）を加え（e）、隙間を開けてアルミ箔をかぶせ（f）、火を弱火にして更に焼く。裏返し、同様にして更に焼く。
5．4を器に盛り、蒸したレタスを添え、焼き汁に水を少量加えて熱し、漉したものをソースとしてかける（焼き汁に、オリーブ油やバターを加えてソースにしてもよい）。

挽き肉

つくね焼き 味噌煮込み

かつて店でランチをやっていたころに、大人気を博したメニュー。
味噌と牛乳とバターでドミグラスソースそっくりの味に。

(料理／吉岡英尋)

材料（2人分）

つくね
- 牛挽き肉 … 200g
- 卵 … 1個
- 玉ネギ（みじん切り）… 1/2個分
- 塩 … 少量
- サラダ油 … 小さじ1

ニンジン（輪切り）… 1/2本分
水 … 700cc
牛乳 … 500cc
バター … 20g
味噌 … 120g
砂糖 … 小さじ4

作り方

1. つくねを準備する。牛挽き肉をボウルに入れ、手の平の腹でこねる。肉に粘りが出て白っぽくなり、糸を引くようになるまでしっかりとこねる(a)。
2. 1に卵を入れてよく混ぜたら(b)、塩、玉ネギを入れて更に混ぜ、8等分にして小判形にまとめる。
3. フライパンにサラダ油をひいて熱し、2を中火で焼いてしっかり焼き目をつける(c)。
4. 分量の水と牛乳を鍋に合わせて沸かし、3のつくね、ニンジン、バターを入れ(d)、味噌を煮汁で溶かし入れ、砂糖を加える(e)。
5. 煮汁が煮詰まってくるまでしばらく中火で煮込む。

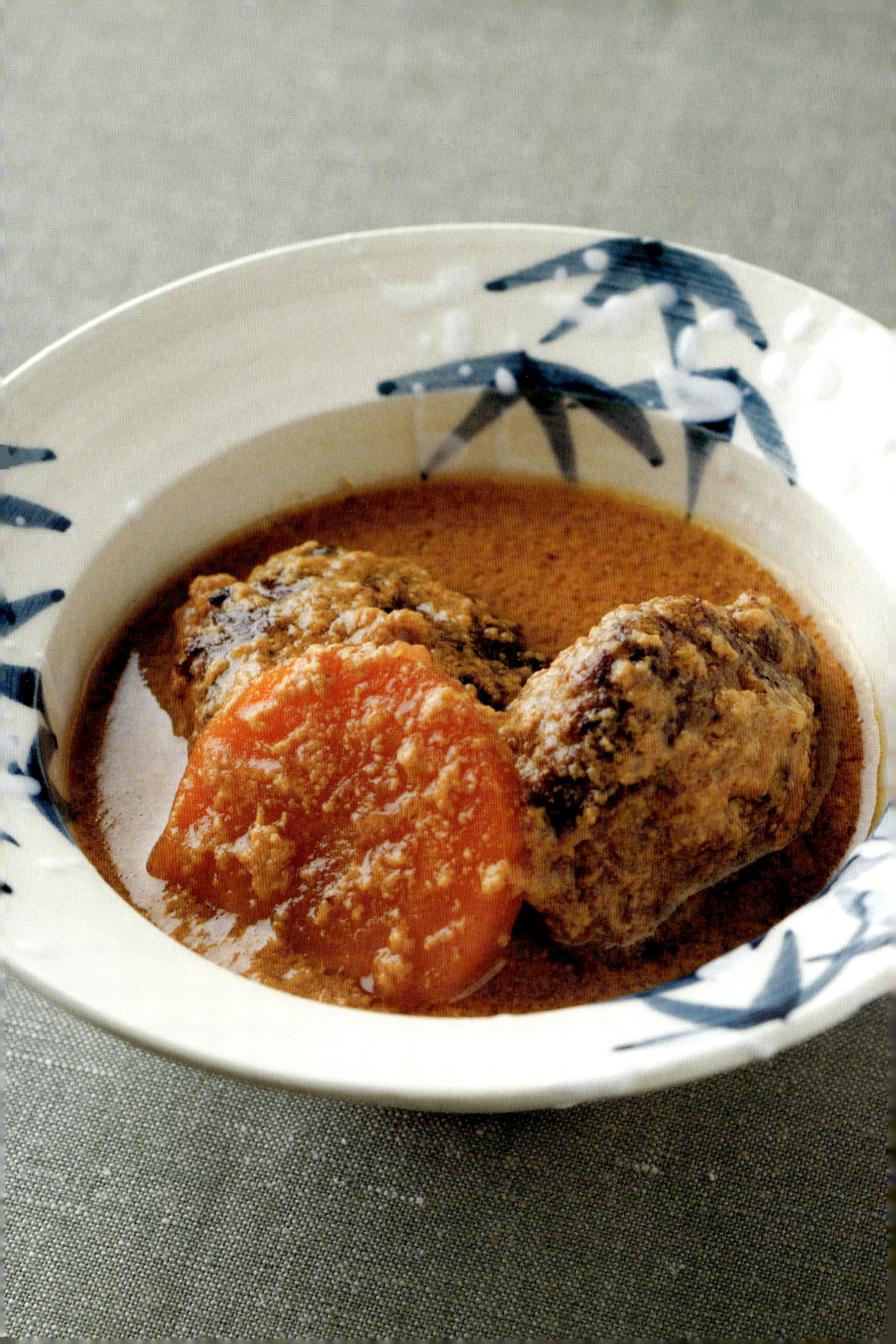

挽き肉

牛挽き肉の麻婆豆腐

自分で作る麻婆豆腐はやっぱりおいしい！
（料理／菰田欣也）

材料（2人分）

牛挽き肉 … 150g
絹漉し豆腐 … 1丁（300g）
長ネギ（太め。白い部分） … 1/2本
ワケギ … 1本
A
　ニンニク（すりおろし） … 小さじ1/3
　豆豉（トウチ） … 小さじ1/2
　豆板醤 … 大さじ1
　甜麺醤 … 小さじ1
B
　鶏ガラスープ … 150cc
　酒（紹興酒または日本酒） … 大さじ1
　醤油 … 小さじ2/3
　オイスターソース … 小さじ2/3
　コショウ … 少量
　上白糖 … 小さじ1/3
水溶き片栗粉 … 大さじ1 1/2
ラー油 … 大さじ1

作り方

1. 長ネギはみじん切りにし、ワケギは2cm幅に切り、豆腐は1.5cm角に切る。
2. 豆腐は沸騰させないようにゆでる(a)。
3. 中華鍋（または深めのフライパン）にサラダ油大さじ1（分量外）をひいて、牛挽き肉を入れて炒める(b)。火が通ったらAを入れ、香りを出すように炒めた後Bを加え(c)、2の豆腐の水気を切って入れ(d)、味を調える。
4. 3に1の長ネギとワケギを加え、水溶き片栗粉を加えて強火でとろみをつけ(e)、仕上げにラー油を入れて(f)、器に盛る。

ポイント

水溶き片栗粉を入れたらしっかり強火で沸かすことにより、とろみが最後まで持続する。

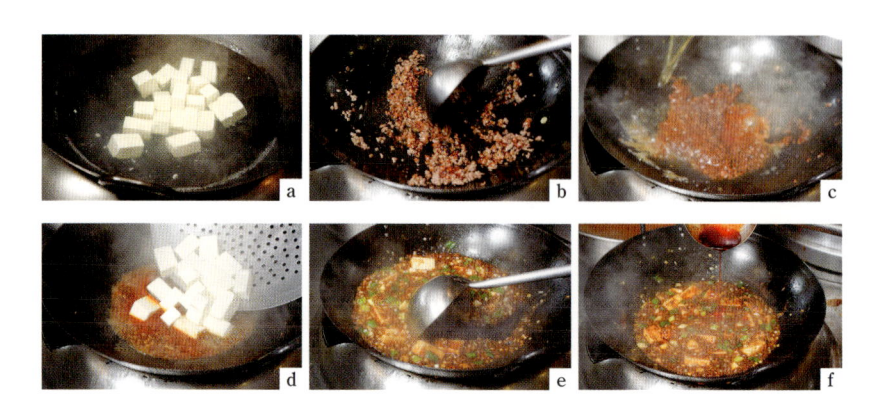

挽き肉

牛挽き肉焼売

牛挽き肉にエビを加え、パサつきを防ぐために豚の背脂を加えます。
蒸したものは冷凍保存もできます。食べるときに冷凍のまま再度蒸し上げてください。

(料理／菰田欣也)

材料（2人分）

牛挽き肉 … 200g
むきエビ … 4尾
玉ネギ … 1/2個
生姜（みじん切り）… 1カケ分
豚背脂（みじん切り）… 50g
シュウマイの皮 … 8枚
グリーンピース … 8個
A
│片栗粉 … 大さじ2 1/2
B
│塩 … 小さじ1/4
│コショウ … 少量
│醤油 … 小さじ1/2
│オイスターソース … 小さじ1/2
│酒（紹興酒または日本酒）… 大さじ1
│溶き卵 … 大さじ3
│上白糖 … 小さじ1/2
ゴマ油 … 小さじ1/2

作り方

1. むきエビは塩と片栗粉を少量ずつ（分量外）加えてよくもみ、水で洗って汚れを落とし、ペーパータオルで水気を取った後、細かく刻む。
2. 玉ネギはみじん切りにし、Aの片栗粉をまんべんなくまぶしつけておく(a)。
3. ボウルに牛挽き肉を入れ、豚背脂、1のエビ、生姜を加えて混ぜ合わせ、Bを加えて更に混ぜ(b)、最後に2の玉ネギを加えてさっくり混ぜ合わせておく(c)。
4. 3のあんをシュウマイの皮で包み(def)、片栗粉（分量外）をつけたグリーンピースを中央にのせて、セイロ（蒸し器）で8〜10分蒸す。

ポイント

- 玉ネギをそのまま混ぜ込むと、蒸したときに水分が出すぎて仕上がりがやわらかくなりすぎる。かならず片栗粉をまぶしてから混ぜるように。
- あんを包む際は、ヘラ（またはナイフなど）で皮の中央にあんをのせ、ヘラをおいたまま逆さにし、皮の外側から軽くおさえて形を整え、ひっくり返して上の面をヘラでならす。

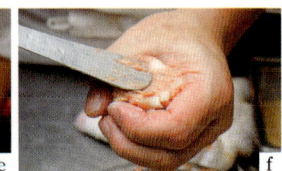

挽き肉

挽き肉

稲庭うどん もろこし肉味噌

挽き肉

和風麻婆豆腐 柚子風味

ふろふき大根
ごぼう肉味噌

稲庭うどん もろこし肉味噌

肉味噌はどんな麺類にも合いますが、細麺がおすすめ。
トウモロコシは焼いて使うと一味違います。
（料理／吉岡英尋）

材料（2人分）

牛挽き肉 … 50g
焼きトウモロコシの粒 … 100g
A
　醤油 … 大さじ2
　みりん … 大さじ2
　酒 … 大さじ2
だし汁 … 190cc
味噌 … 20g
水溶き片栗粉 … 適量
稲庭うどん … 100g×2
九条ネギ（小口切り）… 適量
粗挽き黒コショウ … 適量

作り方

1. 牛挽き肉を鍋に入れ、Aを注いで火にかけ、肉をほぐしながら煮ていく。沸いたらアクを取り除く。
2. 1にだし汁を注ぎ、沸いたら味噌を溶かし入れる。
3. 水溶き片栗粉でとろみをつけ、焼きトウモロコシの粒を加える。
4. 稲庭うどんをゆでて冷水に取る。熱湯にくぐらせて温めてから器に盛り、上から3をかける。九条ネギと粗挽き黒コショウをふる。

和風麻婆豆腐 柚子風味

豆腐は最後に入れて温めます。青柚子の香りが決め手です。
（料理／吉岡英尋）

材料（一皿で2人分）

牛挽き肉 … 50g
木綿豆腐（角切り）… 1/2丁分
長ネギ（小口切り）… 16cm分
ゴマ油 … 小さじ1
醤油 … 大さじ1
酒 … 大さじ2
かつおだし汁 … 180cc
薄口醤油 … 小さじ1/2
水溶き片栗粉 … 適量
青柚子の皮 … 適量

作り方

1. フライパンを熱し、ゴマ油をひいて牛挽き肉を炒める。肉の色が変わったら醤油、酒を入れて煮る。少し煮詰まったらかつおだし汁を加える。沸いてきたら適宜アクを取り除く。
2. 1に長ネギを入れ、水溶き片栗粉でとろみをつける。
3. 最後に木綿豆腐を入れて温め、薄口醤油で味を調える。
4. 器に盛り、すりおろした青柚子の皮をふる。

ふろふき大根 ごぼう肉味噌

肉味噌はまとめて作っておけば、野菜スティックのディップや田楽味噌などにも使えて重宝します。
（料理／吉岡英尋）

材料（2人分）

肉味噌
　牛挽き肉 … 100g
　ゴボウ（さいのめ切り）… 70g
　ゴマ油 … 小さじ1
　A
　　味噌 … 100g
　　みりん … 大さじ2
　　酒 … 大さじ2
　　砂糖 … 20g
　　卵黄 … 1個分
大根（3cm厚さの輪切り）… 2切れ
昆布 … 適量

作り方

1. 大根は輪切りにして皮をむき、面取りをして、昆布を入れた湯に入れて、スッと串が通るまでやわらかくゆでる。
2. 肉味噌を作る。まずAの味噌、みりん、酒を混ぜ合わせ、味噌が溶けたら砂糖、卵黄を加えて更に混ぜておく。
3. 熱したフライパンにゴマ油をひき、牛挽き肉、ゴボウを入れて炒める。肉に火が通ったら2を入れて味噌に火が入るまでグツグツと煮る。
4. 温めた1の大根を器に盛り、3の肉味噌をのせる。

挽き肉

牛肉入りジャージャー麺

挽き肉

カレー風味のビーフン
シンガポール風炒め

挽き肉

牛肉入りジャージャー麺

とろとろの肉味噌あんと麺、ネギ、キュウリを混ぜ合わせてどうぞ。
（料理／菰田欣也）

材料（2人分）

牛挽き肉 … 160g
タケノコ（水煮） … 1個
干しシイタケ … 2枚
長ネギ（白い部分） … 1/2本
キュウリ … 1本
中華麺 … 2玉
A
　ニンニク（すりおろし） … 小さじ2/3
　甜麺醤 … 大さじ3
　鶏ガラスープ … 400cc
　醤油 … 大さじ1
　コショウ … 少量
B
　醤油 … 小さじ1/2
　コショウ … 少量
　ゴマ油 … 少量
　鶏ガラスープ … 小さじ2
C
　水溶き片栗粉 … 大さじ4
　ゴマ油 … 少量

作り方

1. 干しシイタケは水で戻し、2mm角に切る。タケノコも同様の角切りにする。長ネギとキュウリは細切りにする。
2. Bを丼に合わせておく。
3. 中華鍋（または深めのフライパン）に小さじ2のサラダ油（分量外）をひき、牛挽き肉を入れて炒め、火が通ったらAを入れ、1のタケノコとシイタケも加えて味を調える。Cの水溶き片栗粉でとろみをつけ、仕上げにゴマ油を加える。
4. 中華麺を半分の長さにちぎり、ゆでる。水気を切って2の丼に入れてたれを絡ませ、3のあんをかけ、1の長ネギとキュウリを添える。

ポイント

食べたときの食感に一体感を出すために、ネギ、キュウリは麺と同じくらいの細さにする。あんのほうも、タケノコ、シイタケを、挽き肉の大きさに合わせて切る。

カレー風味のビーフン
シンガポール風炒め

子どもも好きな、カレー風味のビーフンです。
(料理／菰田欣也)

材料(2人分)

ビーフン … 80g
牛挽き肉 … 120g
玉ネギ … 1/2個
ピーマン … 1個
赤パプリカ … 1/2個
シイタケ … 2枚
カレー粉 … 小さじ1/2
A
　鶏ガラスープ … 大さじ1
　ケチャップ … 大さじ1
　酒(紹興酒または日本酒) … 大さじ1
　醤油 … 小さじ1/2
　塩、コショウ … 各少量
　オイスターソース … 小さじ1/4

作り方

1. 玉ネギ、ピーマン、赤パプリカ、シイタケはすべて同じくらいの細切りにする。
2. 中華鍋(または深めのフライパン)に小さじ2のサラダ油(分量外)をひき、牛挽き肉を炒める。火が通ったらカレー粉を加え、全体に馴染んだら1とAを加える。
3. 2とほぼ同時進行で鍋に湯を沸かしてビーフンをゆで、ザルで湯を切って2に加え、しっかり炒めて器に盛る。

ポイント

最後に炒め上げるときは、しっかりと水分を飛ばすように。

挽き肉

ラグーのスパゲッティ

炒めないで作るラグーソース。炒めないので肉が固くならず、味もさっぱりしています。
挽き肉の持ち味を生かす作り方です。
（料理／有馬邦明）

材料（2人分）

スパゲッティ（乾）… 160g

ラグーソース

牛挽き肉 … 200g
ニンニク … 1/2カケ
ソフリット（下記参照）… 100g
白ワイン … 50cc
ブロード（鶏ガラスープ。p.116参照）
　… 100cc
トマトソース（下記参照。
　またはホールトマト）… 50cc
オリーブ油、赤唐辛子、ローズマリー、
　ローリエ、塩、コショウ、ナツメグ(粉)
　… 各適量

E.V.オリーブ油、パルミジャーノ・
　レッジャーノ・チーズ（すりおろし）、
　パセリ（みじん切り）… 各適量

ポイント

- 肉を炒めないかわりに、ニンニクは香ばしく炒め、ソフリットも香ばしく作る。
- ブロード（鶏ガラスープ）は濃いめに取ったおいしいものを使う。

作り方

1. ラグーソースを作る。鍋にオリーブ油とつぶしたニンニクを入れて火にかける。香りが立ってきたらソフリット、白ワインを加えてアルコールを飛ばし、ブロード、トマトソース、赤唐辛子、ローズマリー、ローリエを加える（a）。
2. 1に牛挽き肉を入れて崩し、沸騰させないように10分加熱する（bc）。塩、コショウ、ナツメグで味を調えておいしい野菜スープを作る。
3. 1％の塩（分量外）を加えた湯でスパゲッティをゆで、2のラグーソースを絡め、器に盛る。E.V.オリーブ油、パセリ、パルミジャーノ・レッジャーノ・チーズをふる。

ソフリット

くせのない油（ピーナッツ油、ヒマワリ油、太白ゴマ油など）で、みじん切りのニンジン、玉ネギ、セロリをゆっくり炒めたもの。たっぷりの油で素揚げするように加熱し、野菜の甘みと香りを引き出す。

トマトソース

ニンニクのみじん切り少量を油で炒め、玉ネギのみじん切りを加えて更に少し炒め、水煮のトマト（缶詰）を入れ、塩を少量加えて煮崩す。

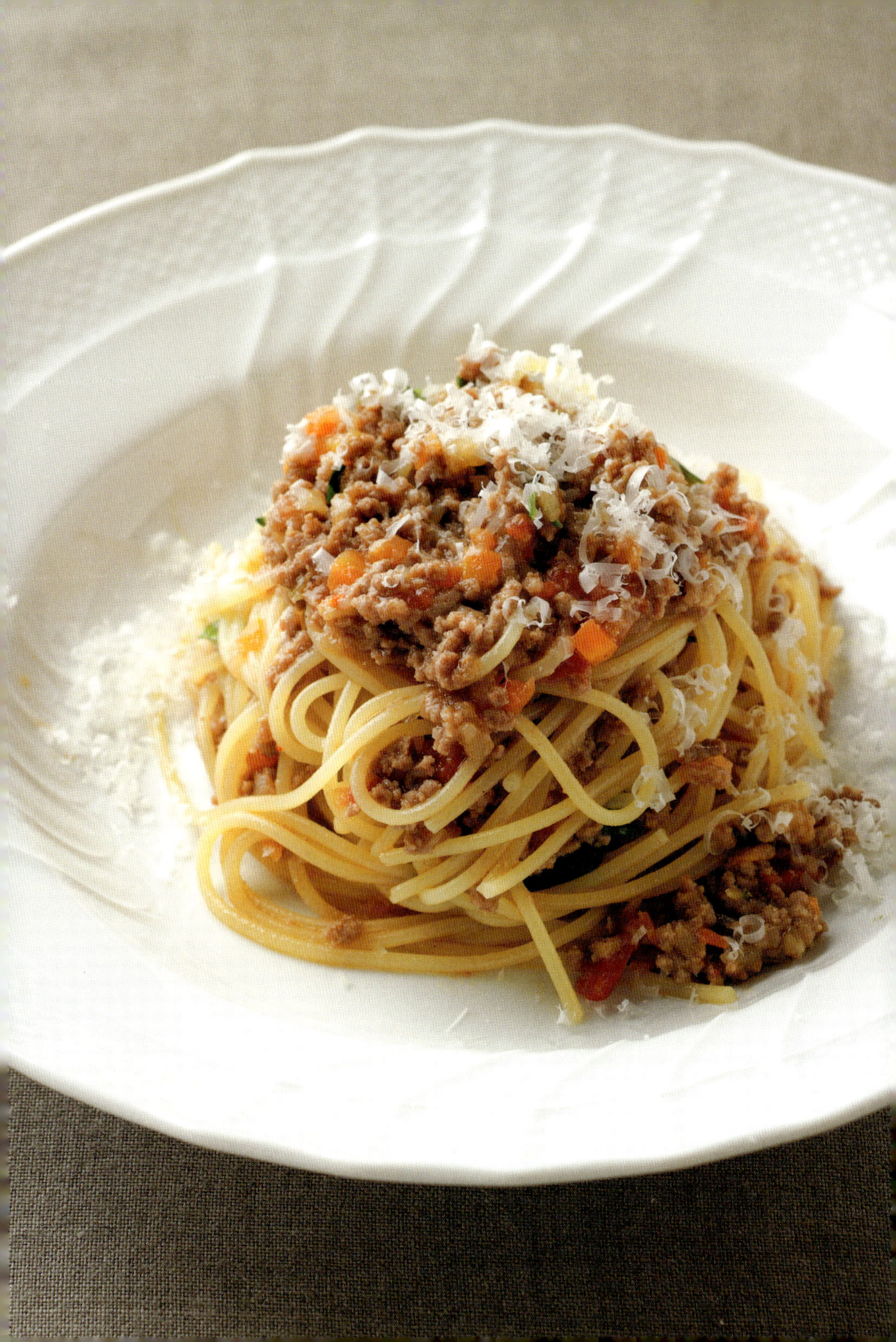

挽き肉

肉味噌のクロスティーニ

肉味噌を作っておけば、すぐにおつまみのでき上がり。
（料理／有馬邦明）

材料（2人分）

肉味噌
　牛挽き肉 … 150g
　玉ネギ（みじん切り）… 1/2個分
　ニンニク（みじん切り）、
　　生姜（みじん切り）… 各小さじ1
　赤唐辛子（ちぎる）… 少量
　味噌 … 大さじ1
　ブロード（鶏ガラスープ。
　　p.116参照）… 50cc
　オリーブ油 … 少量
パン … 適量
ミント … 少量

ポイント

唐辛子を長く炒めると、辛みが強くなるので注意。

作り方

1. 肉味噌を作る。フライパンにオリーブ油を少量ひいてニンニク、生姜、玉ネギを炒める。赤唐辛子、味噌、ブロードを加え、牛挽き肉を入れて煎りつける。
2. 適宜の厚さに切ったパンをグリルで焼き、切り口にニンニク（分量外）をこすりつける。1の肉味噌をのせ、食べやすい大きさに切り、ミントの葉をのせる。

挽き肉

万願寺唐辛子詰め
サルシッチャ

サルシッチャは腸詰のこと。
ここでは腸のかわりに
万願寺唐辛子に詰めました。
（料理／有馬邦明）

材料（一皿分）

A
　牛挽き肉 … 200g
　ニンニク（すりおろし）… 1/2カケ分
　ローズマリー（みじん切り）
　　　… 1/2本分
　ソフリット（p.112参照）… 大さじ1
　卵 … 1/2個
万願寺唐辛子 … 8本
コショウ … 少量

作り方

1. Aを練り合わせる（肉の食感を残したいので、あまり練りすぎない）。
2. 万願寺唐辛子を縦半分に切り、種を除き、中に1を詰める。
3. フライパンにオリーブ油を少量（分量外）ひいて2を入れて焼く。器に盛り、コショウをふる。

ポイント

肉の食感を楽しめるのが手ごねのよさ。なめらかに練りすぎず、全体の2/3を練る感じでよい。

挽き肉

トルテッリーニ グリーンピース添え

水餃子の皮を利用して作る、簡単トルテッリーニです。
(料理／有馬邦明)

材料（2人分）

水餃子の皮（市販）… 24枚
A
　牛挽き肉 … 250g
　豆腐（またはリコッタ・チーズ）
　　… 150g
　ニンニク（すりおろし）
　　… 1/4カケ分
　パルミジャーノ・レッジャーノ・
　　チーズ（すりおろし）… 大さじ4
塩、コショウ、ナツメグ（粉）… 各適量
水溶き片栗粉 … 適量
グリーンピース … 200g
ブロード（鶏ガラスープ。下記参照）
　… 300cc

作り方

1. Aをボウルでよく混ぜ合わせ、塩、コショウ、ナツメグを加える。
2. 水餃子の皮の中央に1を適量のせ、皮の縁に水溶き片栗粉を塗って半分に折りたたみ、縁をおさえて閉じる。半月の両端を合わせ、トルテッリーニの形にする（a〜f）。
3. 皮をむいて塩ゆでしたグリーンピースとブロードを鍋に合わせて火にかけ、やわらかくなるまで5分ほど煮る。
4. 2を1％の塩を加えた湯でゆでて3に加え、器に盛る。好みでE.V.オリーブ油とすりおろしたパルミジャーノ・チーズ（分量外）をかける。

ブロード

水に白ワインを加え、鶏ガラ、骨付き鶏肉と、玉ネギ、セロリ、ニンジンなどの香味野菜を入れて水からゆっくり加熱する。沸騰させないようにしながら1時間ほど煮た後、漉す。

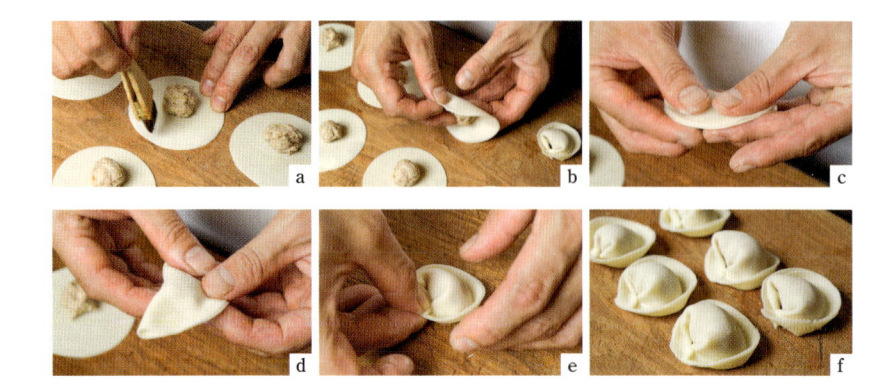

挽き肉

挽き肉

牛挽き肉のビビンパ

肉味噌をのせたビビンパ（混ぜご飯）です。
この肉味噌は、作っておけば簡単に済ませたいご飯やお弁当にも使えて便利。

（料理／金順子）

材料（1人分）

肉味噌（作りやすい量）
　牛挽き肉 … 500g
　ローリエ … 2〜3枚
　A
　　ニンニク（すりおろし）… 大さじ1
　　生姜（すりおろし）… 大さじ1/2
　　醤油たれ（p.50参照）… 大さじ2
　　黒コショウ … 小さじ1
　　ゴマ油 … 大さじ1
　　味噌 … 大さじ1
ご飯 … 丼に軽く1杯分
醤油たれ（p.50参照）、ゴマ油
　… 各少量
サニーレタス … 2〜3枚

作り方

1. 鍋に牛挽き肉を入れ、水をひたひたに入れてローリエを加え、火にかける（a）。沸騰したら（b）ザルにあけ、水気を切る（ローリエは残しておく）。
2. 鍋に1の挽き肉とローリエ、Aを入れて火にかけ、炒める。水分が飛んで挽き肉がばらばらになるまで炒めたら（c）、ザルにあける（d）。ローリエは除いておく。
3. 丼にご飯をよそい、醤油たれとゴマ油を少量かけ、1cm幅に切ったサニーレタスを敷いて2の肉味噌をのせる。食べるときに全体を混ぜ合わせる。

ポイント

挽き肉を一度下ゆでしておくと、臭みのないすっきりとした仕上がりになる。ローリエは臭み消しの役目を果たすので、炒めるときも入れたままで。

挽き肉

挽き肉

パンのニョッキ入りセロリのスープ

挽き肉

牛肉だんご入りおかゆ

121

挽き肉

パンのニョッキ入りセロリのスープ

ねっとりとおいしい、パン入り肉だんご。
(料理／有馬邦明)

材料（2人分）

A
　牛挽き肉 … 100g
　パン … 50g
　牛乳 … 50cc（目安）
　パルミジャーノ・レッジャーノ・チーズ
　　（すりおろし）… 大さじ2
　ソフリット（p.112参照）… 大さじ1
　卵 … 1個
　塩、コショウ … 各適量
ブロード（鶏ガラスープ。p.116参照）
　… 300cc
セロリ（小口切り）… 1本分
万願寺唐辛子（小口切り）… 1本分
塩 … 適量
E.V.オリーブ油 … 適量

作り方

1. ニョッキを作る。パンはやわらかくなるまで牛乳に浸しておく。Aをすべて混ぜ合わせて練り、小麦粉（分量外）で打ち粉をしながら一口大に丸める（a）。
2. 1%の塩を加えた湯を沸かし、1を入れてゆでる。浮いてから30秒〜1分経ったら引き上げる。
3. ブロードを鍋で沸かし、塩を少量加え、セロリと万願寺唐辛子を入れて煮る。香りが立ってきたら2のニョッキを入れて2〜3分煮て、器に盛る。E.V.オリーブ油をかける。

ポイント

- 牛乳の量は目安。パンの状態によって変わる。
- パンはプレーンなものなら何でもよいが、固いパンを使う場合は長めに牛乳に浸しておく。
- たねがやわらかすぎるとうまく丸められないので、その場合は小麦粉を加えて調整する。
- ニョッキを塩湯でゆでて味をつけることにより、スープの味を強くする必要がない。

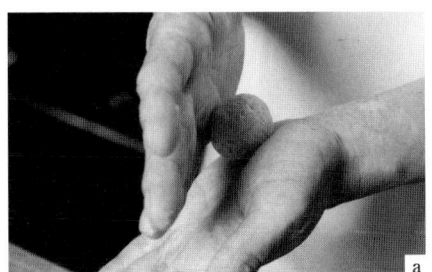

牛肉だんご入りおかゆ

肉だんごが入ったボリュームたっぷりのおかゆ。
お好みの薬味を入れて、味の変化を楽しんでください。
（料理／菰田欣也）

材料（2人分）

牛挽き肉 … 120g
長ネギ … 5cm
生姜 … 1カケ
ご飯 … 100g
鶏ガラスープ … 300cc

A
| 塩 … 小さじ1/5
| コショウ … 少量
| 酒（紹興酒または日本酒）… 大さじ1
| 溶き卵 … 大さじ2
| オイスターソース … 小さじ1/3
| 片栗粉 … 大さじ2

B
| 塩、コショウ … 各少量

薬味
| 香菜、麩、クコの実、ザーサイ、
|　ワンタンの皮、ピータンなど
|　… 各適量

作り方

1. 長ネギと生姜をみじん切りにして牛挽き肉と合わせ、Aを加えて混ぜ合わせる。
2. ご飯100gに対して300ccの水を加え、2時間ほど蒸し器で蒸す。
3. 鍋に鶏ガラスープを沸かし、1をだんご状にしながら入れ、ゆでて固める。
4. 2のご飯が蒸し上がったら別鍋に入れ、Bで薄めに味つけし、3の肉だんごを入れて器に盛る。薬味を添える。

ポイント

- おかゆは鍋で煮て作ってもよいが、焦げつきやすいので注意が必要。
- おかゆは米からでなく、炊いたご飯を利用すれば簡単に作れる。

すじ肉、小腸、ハチノス、レバー

すじ肉は、牛のアキレス腱の部分、または腱のついた肉をいいます。
牛の小腸は、下処理をして使いやすくカットしたものが売られています。
適度な弾力があり、かみしめるほどにおいしさが広がります。
ハチノスは牛の第2胃で、見た目が「蜂の巣」のようであるところからの呼び名です。
ゆでてあるものが売られています。レバーは鉄分などの
栄養が豊富。鮮度のいいものを使いましょう。

牛肉の茶碗蒸し

すじ肉、小腸、ハチノス、レバー

牛すじ肉と冬瓜のスープ煮

牛小腸のアラビアータ

牛肉の茶碗蒸し

卵とうまく混ぜるために、牛スジスープは冷めたものを使ってください。
（料理／吉岡英尋）

材料（2人分）

牛スジスープ（次頁「牛すじ肉と
　冬瓜のスープ煮」作り方1参照）
　… 360cc
薄口醤油 … 小さじ2
塩 … 小さじ1/2
卵 … 2個
牛スジスープを取った後の牛スジ肉
　… 6切れ
九条ネギ（小口切り）… 適量
黒コショウ … 適量

作り方

1. 温かい牛スジスープに薄口醤油、塩を入れてよく混ぜて、冷ましておく。
2. ボウルに卵を割り入れて、泡立て器でよく混ぜる。
3. 2を混ぜながら1を加える（a）。なめらかにするために、裏漉し器で漉す（b）。
4. 3の卵液を器に注ぎ入れ、食べやすく切った牛スジ肉を3切れずつ入れる（c）。
5. 湯気が立った蒸し器に入れ、上にペーパータオルをかけて蓋をする。強火で3分、弱火で15分加熱する。
6. 取り出して九条ネギを散らし、黒コショウを挽きかける。

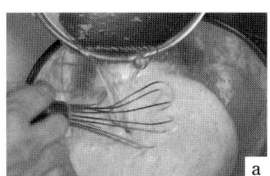

牛すじ肉と冬瓜のスープ煮

牛スジ肉で取ったスープで冬瓜がおいしくなります。
（料理／吉岡英尋）

材料（2人分）

牛スジスープ（作りやすい分量）
　牛スジ肉 … 450g
　水 … 2ℓ
　酒 … 200cc
　青ネギ（ぶつ切り） … 適量
冬瓜（大きめの一口大） … 4切れ
薄口醤油 … 大さじ1
みりん … 大さじ1
三つ葉、青柚子の皮 … 各適量

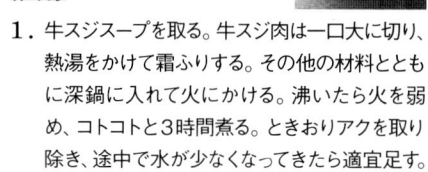

作り方

1. 牛スジスープを取る。牛スジ肉は一口大に切り、熱湯をかけて霜ふりする。その他の材料とともに深鍋に入れて火にかける。沸いたら火を弱め、コトコトと3時間煮る。ときおりアクを取り除き、途中で水が少なくなってきたら適宜足す。
2. 冬瓜は大きめの一口大に切って皮をむき、ゆでておく。
3. 1の牛スジスープを300cc取り分け、2の冬瓜、薄口醤油、みりんを加えて10分間煮て火を止め、そのまま冷めるまでおいて味を染み込ませる。
4. 食べるときに、1の牛スジ肉を1人分につき3切れほど、3に入れて温め直す。器に盛り、三つ葉と青柚子の皮を添える。

牛小腸のアラビアータ

ローマの冬の名物料理です。ワインによく合います。
（料理／有馬邦明）

材料（2人分）

牛小腸（ホルモン。切り分けてあるもの）
　… 200g
オリーブ油 … 小さじ1
ニンニク … 1/2カケ
ソフリット（p.112参照） … 大さじ2
白ワイン（または日本酒） … 100cc
ワインヴィネガー … 大さじ2
ブロード（鶏ガラスープ。p.116参照）
　… 1カップ
トマトソース（p.112参照） … 180cc
赤唐辛子 … 1/2本
塩、コショウ … 各適量
ペコリーノ・チーズ（なければ
パルミジャーノ・レッジャーノ・チーズでもよい）
　… 適量

作り方

1. 鍋にオリーブ油をひいて、つぶしたニンニクを炒め、ソフリット、白ワイン、ワインヴィネガー、小腸を入れてよく炒める。
2. 1にブロード、トマトソース、赤唐辛子を加えて煮込む。小腸がやわらかくなったら塩、コショウで味を調え、器に盛る。削ったペコリーノ・チーズをかける。

すじ肉、小腸、ハチノス、レバー

すじ肉、小腸、ハチノス、レバー

牛レバーとニラ、もやし炒め

街の中華屋さんにも必ずあるレバニラ炒め。新鮮なレバーを使って
作り方のポイントをおさえれば、ぐっとおいしくなる料理です。
（料理／菰田欣也）

材料（2人分）

牛レバー … 180g
豆もやし … 80g
ニラ … 1束
長ネギ（細め）… 5cm
生姜 … 1カケ

A
| 塩、コショウ … 各少量
| 生姜の絞り汁 … 小さじ1
| 片栗粉 … 大さじ1/2
| サラダ油 … 小さじ1/2

B
| 上白糖 … 小さじ1/2
| 酒（紹興酒または日本酒）… 小さじ1
| 酢 … 小さじ1/2
| 醤油 … 小さじ1
| ウスターソース … 小さじ2
| 鶏ガラスープ … 小さじ2
| コショウ … 少量
| 水溶き片栗粉 … 小さじ1

C
| 一味唐辛子 … 少量
| ゴマ油 … 小さじ1

揚げ油（サラダ油）… 300cc

作り方

1. 牛レバーは5mm厚さに切ってザルに入れ（水分が出るのでボウルなどにのせておく）、Aを加えてまぶし、下味をつける（a）。
2. 豆もやしはひげ根の部分を除く。ニラは4cm長さに切る。長ネギは小口切りに、生姜は薄切りにする。
3. ボウルにBを合わせておく。
4. 中華鍋（または深めのフライパン）に300ccほどの油を入れて火にかける。140℃ほどの低温から1のレバーを入れ（b）、温度が上がってきたら豆もやしを加え、すぐに手早く油を切る（c）。
5. 4の空いた鍋に長ネギと生姜を入れて弱火で炒め、続けて4のレバーと豆もやし、ニラを入れ、3を加えて味つけし（d）、最後にCを加えて器に盛る。

ポイント

レバーはザルの中で下味をつけると、余分な水分が落ちて味がのりやすい。

すじ肉、小腸、ハチノス、レバー

レバーカツレツ

下町名物レバカツです！味はちょっとイタリア風。レタスに挟んで食べてもおいしい。
（料理／有馬邦明）

材料（2人分）

牛レバー … 200g
マスタード … 適量
粗糖（p.23参照）… 少量
小麦粉、溶き卵、パン粉 … 各適量

A
　ニンニク（みじん切り）、パルミジャーノ・
　　レッジャーノ・チーズ（すりおろし）、
　　レモンの皮（すりおろし）
　　… 各適量

サラダ油、オリーブ油 … 各適量
バター、塩 … 各少量
レタス、レモン（くし形切り）、
　プチトマト（くし形切り）… 各適量

作り方

1. 牛レバーはクッキングペーパーにのせて少し水分を取る。
2. 片面にマスタードを塗り（a）、粗糖を少量ふる。
3. 小麦粉、溶き卵、Aを混ぜたパン粉を別々のバットに用意し、2のレバーを順につける（b）。
4. レバーの厚みの半分の高さくらいに、サラダ油とオリーブ油を合わせてフライパンに入れて火にかけ、3を入れて強火で揚げ焼きにする。下の面に揚げ色がついたらバターを加え（c）、レバーを裏返して全体をカラリと揚げ、油を切る。熱いうちに塩をふる。
5. レタス、レモン、プチトマトを添えて盛り付ける。

牛レバーの天ぷら 黒こしょう衣

黒コショウ入りの衣でレバーのくせをおさえ、ピリッとスパイシーに。
（料理／吉岡英尋）

材料（2人分）

牛レバー（薄切り）… 100g
牛乳 … 適量
薄力粉 … 適量
衣
　薄力粉 … 大さじ2
　水 … 大さじ2
　黒コショウ … 適量
サラダ油 … 適量
塩、粗挽き黒コショウ … 各適量
スダチ … 適量

作り方

1. 牛レバーはさっと水洗いして水気をふき、牛乳に浸けて臭みをおさえる。
2. 衣を用意する。薄力粉と黒コショウを合わせ、水を加えて混ぜる。
3. 1の牛レバーの牛乳を切り、薄力粉をまぶし、2の衣にくぐらせる。余分な衣を落とし、180℃に熱したサラダ油でカラッと揚げる。
4. 油を切って器に盛り、塩と粗挽き黒コショウ、スダチを添える。

すじ肉、小腸、ハチノス、レバー

すじ肉、小腸、ハチノス、レバー

ハチノスのサラダ

トマト煮込みのイメージが強い
ハチノス(牛胃。トリッパ)ですが、
ここではさっぱりとした
夏向きのサラダに。
ワインヴィネガーの酸味が爽やかです。
(料理／有馬邦明)

材料 (2人分)

ハチノス (生) … 100g

A
| 日本酒、柑橘 (みかん、レモンなど。
　　または酢)、イタリアンパセリ、
　　ローズマリー … 各適量
| 玉ネギ … 1/2個

セロリ (みじん切り) … 1/4本分
エシャロット (みじん切りにして
　水にさらして絞る) … 1個分

B
| ワインヴィネガー … 大さじ2
| 塩、コショウ、赤唐辛子 (粉)、
　　E.V.オリーブ油 … 各適量
| パセリ (みじん切り) … 少量
| パルミジャーノ・レッジャーノ・チーズ
　　(またはペコリーノ・チーズ。すりおろし)
　　… 適量

作り方

1. ハチノスはAを加えた湯で、やわらかくなるまで下ゆでする(1時間ほど。a)。
2. 1が冷めたら薄切りにし、セロリとエシャロットと合わせ、Bを加えて和える。器に盛り、薄切りにしたパルミジャーノ・チーズ(分量外)をのせる。

ポイント

ハチノスは、臭いが強ければ何度かゆでこぼすとよい。あらかじめゆでてあるハチノスを使う場合も、水から入れて2、3回ゆでこぼして使用する。

すじ肉、小腸、ハチノス、レバー

ハチノス炒め

ピリ辛です。ハチノスは、
ゆでてあるものが売られているので、
それを使えば簡単です。
ただし、もう一度さっとゆでてから
使用してください。

（料理／金順子）

材料（作りやすい量）

ハチノス（ゆでてあるもの）… 300g

A
　セロリ … 2本
　長ネギ（青い部分）… 2本分
　玉ネギ（1/4のくし形切り）
　　… 1/2個分
　ニンニク … 5～6カケ
　生姜（薄切り）… 2～3枚

B
　コチュジャン … 大さじ1½
　ニンニク（すりおろし）… 大さじ1
　粗挽き粉唐辛子 … 大さじ1/2
　みりん … 大さじ1
　ゴマ油 … 大さじ1
　黒コショウ … 少量
　すり白ゴマ … 大さじ1/2

作り方

1. Aを鍋に敷いてハチノスを入れ、水をひたひたに注ぎ、蓋をして火にかける（a）。沸騰したら取り出して軽く水で洗う。
2. 1のハチノスを短冊に切って鍋に入れ、Bを加えて火にかけ（b）、炒め合わせる。

ポイント

ゆでたハチノスは、切ってから小分けにしてラップフィルムで包んで冷凍保存しておくと、解凍してすぐに使えて便利。

吉岡英尋（よしおかひでひろ）

1971年東京都生まれ。料理学校卒業後、静岡・東伊豆の「つるやホテル」に入社する。その後、神奈川・鎌倉の懐石料理「山椒洞」、東京・新宿の日本料理「蝦夷御殿」、銀座のふぐ料理「山田屋」といった、異なる業態の店で修業を重ね、日本料理の基本をしっかり身につけた。2000年、20代で東京・恵比寿に「なすび亭」を開店する。敷居の高い日本料理をもっと気軽に楽しんでもらいたいとの思いから、身近な食材の「なすび」を店名につけた。2012年、旧店舗から20メートルほどの場所に移転し30席に増床、魚介と野菜を中心にしたコース料理を提供する。和食ならではの季節感のある親しみやすい料理が好評だ。主な著書に『サッと作れる極うま和食』（旭屋出版刊）、『吉岡英尋のだしを使わないおいしい和食』（家の光協会刊）などがある。

【 なすび亭 】

東京都渋谷区恵比寿1-34-3
TEL 03-3440-2670
www.nasubitei.com/

有馬邦明（ありまくにあき）

1972年大阪府生まれ。フランス料理人を目指して調理師学校に入学したが、アルバイト先のイタリア料理店でイタリアの修業先を紹介され、1996年にイタリアに渡る。これを機にイタリア料理人を目指すようになり、ロンバルディアやトスカーナで2年間修業を積む。帰国後は東京や千葉のイタリア料理店でシェフを務め、2002年に東京・門前仲町に「パッソアパッソ」をオープン。人情味あふれる下町を愛し、町内会の御輿も担ぐ。旬の食材を求めて全国を駆け回り、生産者の思いを聞く。また、米作りには自らも携わる。素材にとことんこだわり、季節の味を最大限に活す料理が人気を集める。

【 パッソアパッソ 】

東京都江東区深川2-6-1 アワーズビル1F
TEL 03-5245-8645

菰田欣也（こもだきんや）

1968年東京生まれ。大阪あべの辻調理師専門学校へ入学。授業にて陳建一氏と出会う。1988年赤坂四川飯店へ入社。陳氏の元で修業を始める。2001年、セルリアンタワー東急ホテル内のスーツァンレストラン陳渋谷店の料理長に就任。2004年第5回中国料理世界大会へ出場。個人熱菜部門において、日本人初の金賞を受賞。2008年スーツァンレストラン陳、四川飯店グループ総料理長に就任。2009年日本中国料理協会「陳建民中国料理アカデミー賞」、2011年「東京都優良調理師知事賞」を受賞。2012年四川飯店グループ取締役総料理長就任。現在総料理長を務める傍ら、専門学校や料理教室の講師、イベントや料理番組等にも多く出演し、幅広く活躍している。著書に『菰田欣也のカンタン・チャイニーズ』（扶桑社刊）がある。

【 szechwan restaurant 陳 】（スーツァンレストラン ちん）

東京都渋谷区桜丘町 26-1 セルリアンタワー東急ホテル2F
TEL　03-3463-4001（予約専用）　FAX　03-3476-3017
http://www.srchen.jp

調理協力：井上和豊

金順子（キム スンジャ）

韓国釜山出身。韓国料理店激戦区、東京・赤坂の中でも超人気店『どんどんじゅ』『おんがね』のオーナーシェフ。これまでの韓国料理店のイメージにはない、シンプルでセンスあふれる店内で供される、器や盛り付けにもこだわった料理は、新感覚ながらも家庭的な温かみのあるおいしさで定評がある。テレビや雑誌にも多数出演。著書に『たれさえあれば、韓国料理』『お好みチヂミ』（ともに文化出版局刊）がある。

【 どんどんじゅ 】
【 おんがね 】

東京都港区赤坂 3-6-13
TEL（どんどんじゅ）03-5549-2141
TEL（おんがね）03-5570-9442

使える牛肉レシピ
―スーパーの牛肉がそのまま使える。和・洋・中・韓 90 品―

初版印刷　2013 年 9 月 20 日
初版発行　2013 年 10 月 10 日

著者Ⓒ　　吉岡英尋（よしおか ひでひろ）
　　　　　有馬邦明（ありま くにあき）
　　　　　菰田欣也（こもだ きんや）
　　　　　金順子（キム スンジャ）

発行者　　土肥大介

発行所　　株式会社柴田書店
　　　　　東京都文京区湯島 3-26-9　イヤサカビル　〒113-8477
　　　　　電話　営業部　　　03-5816-8282（注文・問合せ）
　　　　　　　　書籍編集部　03-5816-8260
　　　　　URL　http://www.shibatashoten.co.jp

印刷・製本　図書印刷株式会社

本書掲載内容の無断掲載・複写（コピー）・引用・データ配信等の行為は固く禁じます。
乱丁・落丁本はお取替えいたします。

ISBN978-4-388-06176-1
Printed in Japan